中小学名师指导系列丛书

教师如何撰写教育案例与论文

潘海燕 何晶 卢明 ◆编著

北京师范大学出版集团
BEIJING NORMAL UNIVERSITY PUBLISHING GROUP
北京师范大学出版社

图书在版编目(CIP)数据

教师如何撰写教育案例与论文 / 潘海燕,何晶,卢明编著.
—北京:北京师范大学出版社,2013.4(2022.1重印)
ISBN 978-7-303-15836-2

Ⅰ.①教… Ⅱ.①潘… ②何… ③卢 Ⅲ.①教案(教育)—写作 ②教学研究—论文—写作 Ⅳ.①G424.21 ②H152.2

中国版本图书馆 CIP 数据核字(2012)第 305269 号

营 销 中 心 电 话　010-58802135　010-58802786
北师大出版社教师教育分社微信公众号　京师教师教育

出版发行:北京师范大学出版社　www.bnup.com
　　　　　北京市西城区新街口外大街 12-3 号
　　　　　邮政编码:100088

印　　刷:	天津中印联印务有限公司
经　　销:	全国新华书店
开　　本:	710 mm×1000 mm　1/16
印　　张:	14.25
字　　数:	180 千字
版　　次:	2013 年 4 月第 1 版
印　　次:	2022 年 1 月第 11 次印刷
定　　价:	40.00 元

策划编辑:倪　花	责任编辑:倪　花
美术编辑:纪　潇	装帧设计:纪　潇
责任校对:李　菡	责任印制:马　洁

版权所有　侵权必究

反盗版、侵权举报电话:010-58800697
北京读者服务部电话:010-58808104
外埠邮购电话:010-58808083
本书如有印装质量问题,请与印制管理部联系调换。
印制管理部电话:010-58805079

前　言

苏霍姆林斯基说过:"如果你想让教师的劳动能够给教师带来乐趣,使天天上课不至于变成一种单调乏味的义务,那你就应当引导每一位教师走上从事研究的这条幸福的道路上来。"教师的教育研究可以促进教师的专业成长与发展,不断提升教师的自我更新能力和可持续发展能力,增强教师职业的乐趣、成就感和价值感。然而,现实中很多身处教育第一线的教师,特别是初写教育论文和案例的教师难以把握要领、找到捷径。为此,我们编写了《教师如何撰写教育案例与论文》一书,旨在提升广大教师写作教育案例和论文的能力。本书以解决广大教师教育案例和教育论文写作中的困惑为着眼点,从理论与实践两方面对教育案例和论文的写作进行了详细的阐述和全面的介绍,对广大教师写好教育案例和论文有较好的指导性和实用性。

当然,撰写教育案例和论文的过程,是一个不断探索、不断总结的过程。许多有价值的教育案例和论文,并不是从"写"开始的,而是从"做"开始的,用"写"来指导"做",用"做"来充实"写"。"做"的过程,既是探索又是积累写作材料的过程。如果我们能坚持经常回顾、反思，总结自己的教育教学过程，从中得到有益启示，再将这些启示写成教育案例和论文，这无疑是提高教师自身素质的有效途径，也是促进教师提高教学水平、优化教育教学质量的重要举措，更是教师体验职业幸福的必然选择。

目录
CONTENTS

前　言 …………………………………………………………… 1

上篇　以案说理，以例为据——教师如何撰写教育案例

第一章　教育案例概述 …………………………………………… 3
    一、教育案例的形成与发展 ………………………………… 3
    二、教育案例的含义与特征 ………………………………… 4
    三、教育案例开发的意义 …………………………………… 6

第二章　教育案例的分类 ………………………………………… 8
    一、教育案例分类的意义 …………………………………… 8
    二、教育案例的类别与举要 ………………………………… 10

第三章　教育案例的撰写 ………………………………………… 58
    一、教育案例与其他教育文体的区别 ……………………… 58
    二、教育案例的结构 ………………………………………… 60

三、教育案例的选材 ………………………………………… 63

四、教育案例撰写的方法 …………………………………… 82

五、如何提炼主题 …………………………………………… 87

下篇　以文论道　激活思维——教师如何写论文

第四章　教育论文的功用 …………………………………… 93

一、教师的劳动、教育的实践的具体体现 ………………… 93

二、提高教育质量的重要保证 ……………………………… 94

三、提高教师自身素质的有效途径 ………………………… 94

四、教师体验职业幸福的必然选择 ………………………… 95

第五章　教育论文的类型 …………………………………… 96

一、研讨型论文 ……………………………………………… 97

二、经验型论文 ……………………………………………… 98

三、述评型论文 ……………………………………………… 99

四、报告型论文 ……………………………………………… 100

五、学位论文 ………………………………………………… 103

六、叙事研究报告 …………………………………………… 111

第六章　教育论文的特点 …………………………………… 122

一、学术性 …………………………………………………… 122

二、科学性 …………………………………………………… 123

三、创造性 …………………………………………………… 123

四、理论性 …………………………………………………… 124

五、探索性 …………………………………… 125

　　六、实用性 …………………………………… 125

第七章　教育论文的选题 …………………………… **127**

　　一、教育论文的选题原则 ……………………… 127

　　二、教育论文选题的选点艺术 ………………… 128

　　三、抓住"四点"来选题 ……………………… 131

　　四、抓住"五点"来拟题 ……………………… 132

第八章　教育论文的结构 …………………………… **140**

　　一、论文题目 …………………………………… 140

　　二、作者姓名和单位 …………………………… 142

　　三、摘要 ………………………………………… 143

　　四、关键词 ……………………………………… 143

　　五、绪论 ………………………………………… 144

　　六、本论 ………………………………………… 145

　　七、结论 ………………………………………… 145

　　八、引文及参考文献 …………………………… 146

第九章　教育论文的选材 …………………………… **153**

　　一、收集资料的作用 …………………………… 153

　　二、收集资料的途径 …………………………… 154

　　三、收集材料的方法 …………………………… 155

　　四、巧妙选择好教育论文的材料 ……………… 164

第十章　教育论文的写法 ················· 168
　　一、教育论文撰写的一般步骤 ············· 168
　　二、教育论文常见的三种类型及具体写法 ······· 172

第十一章　教育论文的构思与提纲 ············ 179
　　一、怎样进行教育论文构思 ·············· 179
　　二、怎样编制教育论文的写作提纲 ··········· 185

第十二章　撰写教育论文应注意的问题 ·········· 193
　　一、选题要适当 ··················· 193
　　二、论证要清晰科学 ················· 194
　　三、行文要有个性 ·················· 195
　　四、要注意"五有" ················· 197
　　五、要避免八大常见弊病 ··············· 199
　　六、要熟悉并灵活把握教育论文的八个步骤 ······ 213

后　记 ························· 217

上篇　以案说理，以例为据
　　——教师如何撰写教育案例

第一章 教育案例概述

■ 一、教育案例的形成与发展

案例一词的出现离现在大约有一百多年的历史了。运用案例对学生进行教学和职业训练,最早起源于美国的哈佛大学法学院。1870—1910年,所有居于领衔地位的法学院都采用"案例教学法"进行教学。紧接着哈佛商学院在第一次世界大战之后也应用了该方法进行教学。在20世纪三四十年代,案例教学法已经在商业教育中普遍运用,并被广泛用来教授学生实践的主要观点、技能和隐含的原则等。到20世纪70年代案例教学法才逐步运用到学校教育领域。随着时代的发展,其他职业领域也开始运用案例进行教学,以满足自己的教育教学和培训的需要。案例教学法也被用于自然科学和人文科学的各个方面,例如:研究生教育、本科教育、继续教育在内的各种教育范畴之中。特别是在继续教育中,越来越多的教育者认识到,只要掌握了分析案例的方法和技巧,应用案例就可以快速地促进师生专业的提高,从吸收他人的经验中获得更高的学习效率。因此,案例方法、案例教学、案例使用这些词语作为同义词在众多领域频繁出现。

一般而言,案例方法意图进一步发展职业智力和行为,它的问题取向,重点是对现实生活经验的"解读"。然而,课堂与职业实践中对"案例方法"的明确定义在不同职业、不同培训和不同教师中是不尽相同的。

在我国教育领域，案例教学等词语的出现则较晚。在20世纪五六十年代，有部分教育工作者从中小学优秀教师的教学经验中，提炼出一些经典实例用来阐明某些教育观点或教育教学的方法，但缺乏对教育案例进行系统的专门研究和开发。随着时间的推移，案例方法在我国发展异常迅速，在基础教育课程改革大背景下，加之国内教育界的一些有识之士的大力倡导，全国教师培训系统已形成了教育案例开发的热潮（包括撰写教育案例，运用教育案例教学，结合案例进行反思，开展案例培训等各种活动）。在理论和实践的基础上，具有中国特色的教育案例正在兼收并蓄中形成。

对我们而言，案例教学虽然是一种新鲜事物，对其认识还有待进一步深化，对其理论还有诸多深入研究的必要，对其实践应该还有待进一步探索。只要我们辩证地吸收和借鉴其他国家、其他领域的丰富经验，努力开发自己的案例资源，那么案例理论与实践将会在中国教育领域中发挥更重要的作用，教师培训的水平、质量和效能会得到很大的提高。

■ 二、教育案例的含义与特征

科学地界定教育案例的含义是教育案例规范化的前提和基础。

教育案例是指包括有某些决策或疑难问题的教学情境故事。

这些故事反映了典型的教学思考力水平及其保持下降或提升等现象，是在一个特定的环境下，对该事件发展的全过程完整叙述和理性思考。

简而言之，一个教育案例就是包含有疑难问题的实际情境的描述，是一个教育实践过程中的故事，其叙述的是教育教学过程中"意料之外，情理之中"的事。

再简明概括地讲，教育案例就是叙述一个教育故事。它是教师的教育行为和教育思想的集中体现。

从这个定义出发，我们可以从以下几个方面对教育案例作一个确切的解读。

1. 教育案例是与教育实践密切相关的。无论哪种类型的案例都是与特定事物相关连的。它们差不多必然是关于教育的情景、行为过程，即是特定的事物蕴涵于其中的或为达到分析目的而基于实践构建的情境。

2. 教育案例是与教育行为、目的和教师的职业责任感密切相关的。教育案例是教师教育思想和教育目的的载体，是教师的使命意识的再现。案例的描述只需一个完整的故事或片断就能逼真地反映教师的思维动态和人格魅力。

3. 教育案例是与教学变量、理论观点的多元性密切相关的。教育案例蕴涵了教育教学的复杂性、不确定性和问题性。

教育案例是对某种具体情境的记录，是对"眼前"真实发生的实践情境的描述，它不能杜撰和虚构所谓的"事实"，也不能由抽象的、概括化的理论中演绎的事实来替代。教育案例描述的是针对具体的、特定的需要进行探求和解决的疑惑问题。教育案例是为了突出一个主题而截取的教育教学行为的一个场景，这些片断场景蕴涵了一定的教育理论。因此，教育案例不是课堂实录，也非教师的教案或教育个案。

教育案例充分体现了一定的教与学的原理或理念。它是以真实的教育事件为基础，但又不是简单而机械的课堂实录，而往往是为了产生一个具有研究基础的教育模式，对教育过程进行剪裁和提炼加工，融合了多个事件的某个方面。不言而喻，教育案例源于实践，但高于实践，因此，它超越了一般指导书的"有效教育行为"和"应该怎样"的罗列式所谋求的感觉与实践之间的差距，将大家带到一个充满目的性、不确定性、偶然性和随时要作出决定的熟悉环境中，在其提供的分析框架基础上，引起大家进行深刻的思考，反思自己的教育教学行为，进而影响自己的教育教学行为和教育教学实践。

综上所述，教育案例讲述的应该是一个完整而生动的教育故事，叙述的是一个教育事例。基于此，教育案例应包括如下特征。

1. 情景性教育案例能反映出事件发生的特定的教育背景，即特定的教育情景。

2. 完整性教育案例能把事件置于一个时空的框架之中，也就是要说明事件所发生的时间、地点、角色及对事件的处理策略和处理结果等，生动、完整地叙述教育故事的全过程。

3. 典型性既具体又特殊，有一个从开始到结束的完整情节，并包含一些戏剧性的矛盾冲突。教育过程中问题的提出必须有典型性。

4. 启示性教育案例能反映教师工作的复杂性与特殊性，教育事件始末均能揭示教师的内心世界。如态度、动机、理智、困惑、需求等，给大家以启示和警示的作用。

5. 指导性教育案例对问题的解决方法有较先进的思路，有理性的分析和科学的思考，对大家的实践和教育行为有普遍的指导作用和推广价值。

三、教育案例开发的意义

教师的培训和专业发展是落实新一轮课程改革的关键环节，问题是目前师资培训主要是以理论为取向，着眼点一般是理论知识的获得，对教师的技能提高不大，常常出现理论和实践相脱节的"两张皮"现象。如何使师资培训更好地适应新课改的需求，这是摆在我们面前的一项重要课题。研究与实践证明，教育案例的科学开发与应用是一种十分方便、快捷、有效的教师校本培训的好形式、好方法。实际上，教育案例就是含有一定主题的教育故事，这个故事有背景，有冲突、有供思考的问题，蕴涵着相关的教育理论，反映教师的典型行为和思想情感。相应的，教育案例的分析，就是通过对一个具体的教育情景的了解和剖析，引导教师对关注的问题进行分析研讨的一种有效形式，其宗旨是提高教师的反思能力和分析、处理教育教学问题的能力。教育案例的资源积累和再生是教育案例开发的前提。从目前情况而言，教育案例信息的获取有两个渠道：一是从专家整理好的现存的教育案例中直接选取；二是从一线教师的撰写中获取。鉴于教育案例分析在我国刚刚起步，还没有专门的教育案例库，因此，从目前教育界现状出发，后一种渠道则是我们的必然选择，也是唯一选择。一线教师有极其丰富的教育教学实践经验，对各种教育事件有较完整的体验和感受。教育案例的开发过程不仅是教师积累教育经验的过程，也是对教育理念进一步认识的过程，更是对教育实践自觉反思的过程，因此，教育案例的开发也可以作为教师职业化发展的一条重要途径，其实质是一种针对性强，质量高的教师培训活动。

教育案例开发的优越性，可以从以下两方面得到显现。

1. 教育案例是教育教学问题解决的源泉。通过对教育案例的开发、学习应用直接可以促进每个教师研究自己、完善自己、分享别人成功的经验，吸取别人失败的教训，不断收集和积累反思的素材，自觉调整自己的教育行为，从而全面提升自己的整体素质。

2. 教育案例是教育理论的原点。一个典型教育案例有时也能反映人类认识实践上的真理，从这个意义上讲，一个好的教育案例不逊于一个科研课题。在众多的教育案例中，可以寻找到教育理论遐想的支撑点和反驳性论据。

第二章 教育案例的分类

■ 一、教育案例分类的意义

教育有其自身的规律,但是教育实践活动中的偶然因素与必然因素会千差万别。为了揭示新课程背景下教育案例的本质特征,更好地驾驭它的规律性,寻求教育案例的开发空间,促使教育案例更具实效性和可借鉴性,根据教育案例的特点和写作目的,我们可以(从不同视角和侧面)将案例分为不同的类型,帮助教师将各种不同问题的零散经验进行整合,形成经验链、经验集,从而充分发挥教育案例在新课程背景下的实际作用。

例如,从教育案例使用范围出发,我们可以将教育案例划分为教育、教学、教育科研和教育管理类。从教育案例的写作方式出发,我们可以将教育案例划分为:事件、现象、活动、个人描述与研究;从教育案例的特点出发,我们可以将教育案例划分为:探求、思索、质疑、正反、经验等类;从教育案例的内容出发,我们又可以将教育案例划分为:德育类、实践类、课堂教学类、教育反思类、创新类等。

教育案例分类并非绝对化,它们之间均有千丝万缕的联系,人们根本无法相互割裂使之孤立地单独存在。因此,对教育案例进行合理的归纳和分类,使之系列化,科学化有利于教师形成案例理念。

1. 有利于教师更清晰地把握教育案例形成规律,掌握教育案例的本质特点，为在工作实践中去更好地把握、应用、开发教育案例提供了可靠的理论依据。

2. 有利于帮助教师诠释与研究教育案例，并对教育案例事件从多角度的归纳分析中受到启发。不同类别的教育案例所体现的主题和内容，既包括了教育教学的指导思想、过程、结果，也包括了作者对事件利弊得失的看法与分析，这些均可引起教师的思考和借鉴，从而能进一步揭示教育案例的意义与价值。

3. 有利于教师的学习和积累。有经验的教师往往谈起自己的教学经历，都有许多成功的事例与体会，却因为局限于具体的做法，知其然，而不知其所以然。教育案例的分类过程也是对教学实践进行反思的过程。教师通过反思，从中提炼并明确有效的教育行为及其理论依据，从而学习和借鉴各种经验，不断丰富教师的积累，使之更有效地指导自己今后的教学实践。

教育案例也是教师梳理、记录、传播自己教育教学生涯中教育教学经验的一种很好的形式。教育案例不仅记叙了教学行为，同时也记录伴随行为而产生的思想、情感及灵感。它既是个人的教育教学档案，也是一种教育史，因此，具有特别的保存和研究价值。教育案例可将教师在教育教学中发现的规律和解决问题运用的策略手段，以及解决不同类型问题的零散经验，以主题为系列进行归纳整合，形成供人借鉴的信息流和经验串，更便于其他教师学习及在教育教学实践中再运用。

4. 有利于教师的自我培训和专业发展。教育案例是校本培训和校本研究的极好载体。在新课程背景下，学校和课堂的教育教学情境中，每时每刻都会产生许多值得大家思索、研讨或回味的人和事。教师在教育活动中所碰到的这些问题、矛盾、疑惑，以及由此而产生的一些想法、思路、对策等，就这些问题开展交流与研讨，对教师分析能力和专业能力的提高是非常有益的。

此外，撰写教育教学案例的过程也是进行校本研究过程的一部分，是教师进行自修、自研的过程，也是教师对自己教育教学实践进行回顾、对教育教学行为进行反思的过程，是对教育教学经验进行分类整理和理论提升的过程。它能将教师内在的感性经验显性化，将成功的经验固定化，供其他教师共享。学校和教师可以根据课改的实际，围绕一个专题收集材料，撰写教育教学案例，以教师撰写的教育教学案例为主题，组织教师进行交流与讨论，通过信息交流和不同观点的碰撞，从而达到相互启发、相互促进。帮助教师加深对问题的认识，最后达成共识。同时结合研讨的问题，引导教师学习有关的教育理论，不断进行实践反思，提升教师的专业水平和科研素质，使校本培训和校本研究更具针对性和实效性。

■ 二、教育案例的类别与举要

教育案例在分类的过程中，因着眼点不同，侧重面不同均可分为若干类。但不管怎样分类，因不同类型的案例之间都是相互联系，相互渗透的，所以不可能截然分割开来。

为帮助教师更清晰地把握和认识各种不同类型的教育案例以供大家学习，借鉴和应用之便，现将教育案例的主要类别归纳如下。

1. 依照教育的任务可划分为：教育类；课堂教学类；品德修养类，音、美类；教育活动类；教育管理类；教育科研类；教师培训类等。

例如：

[教师培训类案例]

寻找数学复习课的新与乐
——在自修与反思模式研修中与新课程共成长

韩素玲

从事多年的小学数学教学工作，一直以来我对数学复习课是心有余悸，力不从心，主要原因是站在学生的立场出发，学生认为复习课无非是炒剩饭，教学内容没有什么新意，教学方法没有什么创新，教师多半是提出问题："请同学们回忆一下，某某知识是怎样的?"学生碍于教师权威式的指令，绞尽脑汁，搜肠刮肚回想新知生成过程，而不是发自内心地去梳理知识，构建知识网络，形成一定的思维方法。这种课上起来无疑是走过场，清汤寡水，学生与教师均无激情。自从新一轮基础教育课程改革的浪潮汹涌而来，课改便成了我心目中的救星。我想：只要自己走进课改，更新观念，关注学生，改进教法，我的数学复习课堂一定会绚丽多彩！于是我开始留意新教材关于复习课的结构特点及编排意图，逐步收集有关复习课的相关文章，并且认真学习《小学数学课程标准》、《新教材给我们的启示》以及与课改联系较紧的杂志《小学数学教育》等，通过学习与积累，先进的教育思想和教育理念使我学会了如何改变自己的教学方法和反思自己的教学行为，构建小学数学复习课堂上的新与乐，达到师生共同梳理知识、发展思维、形成技能之目的。

数学教学中重视训练学生思维逻辑的严密性与灵活性，即发展思维，特别是复习课，学生将已学知识全面综合，然后系统化，最后形成学生较为熟练的一种思维分析方式，这是极为重要的。一次，我在教学六年级《分数应用题》单元复习时，我呈现给学生这样一道应用题："一辆客车从甲地开往乙地，需要10小时到达；另一辆货车从乙地开往甲地，需要15小时到达，现在客车与货车同时从甲乙两地相对开出，2小时后两车共走240千米，甲乙两地全长多少千米?"学生很快解出：列式 $240 \div \left[\left(\frac{1}{10} + \frac{1}{15}\right) \times 2\right]$。此时我立即提问：如果将"2小时后两车共行240千米"改成"2小时后中间相距240千米"，你会做吗？学生说出关键要找出240千米与全长的对应分率，列式：$240 \div \left[1 - \left(\frac{1}{10} + \frac{1}{15}\right) \times 2\right]$。于是我进一步乘胜追击：你还会改动240千米的对应分率、改编成另一道求全长的应用题吗？一石激起千层浪，学生有的说出：2小时后客车比货车多行240千米，求全长列式：$240÷\left[\left(\dfrac{1}{10}+\dfrac{1}{15}\right)×2\right]$；还有的说，两车共行8小时后，中间相距240千米，求全长列式：$240÷\left[\dfrac{8}{10}+\dfrac{8}{15}-1\right]$；等等。这种由教师提供一份材料，然后以此材料为思维触点，学生一触即发，掌握了分数应用题的本质特点及基本解题规律，并在学习过程中极大地体验了思维训练乐趣以及改编应用题创新之乐，课堂再也不像原来那样干枯乏味了。

有时我也想：数学复习课如果能够像新授课那样，对于思维发展，变式开放题型也让学生动手操作一下，帮助他们开启心智，未尝不可。因此，我请教名师，并翻阅有关书籍，寻找理论支撑点，并大胆尝试，而且在平时的数学复习课中还小有成效。例如我在教学六年级《圆柱与圆锥》这一单元总复习时，为了更好地让学生理解圆柱表面积、侧面积、体积三者之间联系时，我将一个活动的圆柱体(可以拼成一个长方体)带到课堂，学生在解答"一个圆柱体拼成一个近似的长方体后，体积为628立方厘米，已知圆柱侧面积314平方厘米，求拼成的长方体比原来圆柱体增加了多少平方厘米的表面积？"时，因为没有直观教具作演示，学生凭空想象感到困难，但当我让一名学生具体对照题目条件与问题将这个圆柱体拆开后再拼成一个近似长方体后，学生经过观察，终于恍然大悟，再经过简短讨论与思考，学生很快涌现出以下三种方法：

第一种：半径：628÷(314÷2)＝4厘米

高：314÷(3.14×4×2)＝12.5厘米

增加表面积：12.5×4×2＝100平方厘米

第二种：$\dfrac{rh}{2rh}=\dfrac{628}{314}$，得出$\dfrac{r}{2}=\dfrac{2}{1}$，因此$r=4$厘米

$h=314÷(3.14×4×2)＝12.5$厘米

增加表面积：12.5×4×2＝100平方厘米

第三种：$2rh = \dfrac{\text{侧面积}}{3.14} = \dfrac{314}{3.14} = 100$ 平方厘米

尤其是第三种方法，令人叫绝，连我也预料不及，从这里可以看出，学生的潜力是无止境的，关键在于教师如何为学生创造学习机会，提供学习平台，教学相长此时此刻得以真正体现。记得我归纳总结这三种方法特点时，学生们都由衷地为自己的成功而鼓掌，也更为数学复习课知识的奥妙无穷而喝彩，从此学生更加喜爱数学。

有位专家说过："新课程将改变学生的学习生活，也将改变教师的教学生活。新课程中的学生可能会改变他们的一生，新课程中的教师也将焕发新的生命，教师将与新课程同行，将与学生共同成长。"确实，通过新课改，我在自修与反思模式研修中寻找到了乐趣，为学生开辟了一片新天地，同时我自己也焕发了生机，教学上得到了充实。在未来课改道路中，我作为第一线教师，将立足教学实际，做到在教中学，在学中悟，使自己与新课程共同成长。

[课堂教学类案例]

反弹琵琶　标新立异

——《田忌赛马》教学片断及反思

湖北省秭归县高姑坪小学　乔德志

[案例内容]

教师在用扑克牌演示完两次赛马过程后，提出这样一个问题：

师：如果齐威王每个等级的马都比田忌的强很多，只调换了一下出场顺序，田忌还能反败为胜吗？为什么？

生讨论交流得出：如果快出许多，田忌就没有希望获胜了。

师：你还有没有其他的调换方法使田忌获胜？

学生一片愕然。

这时本班的一位调皮小男生杨雪同学冒出这样一句话：

"老师，如果我们是齐威王的好朋友，那么田忌就永远没有获胜的希望。"

这冷不丁地一句话激起了千层浪，课本上不是已经写明，田忌听取孙膑的建议后第二次已取得胜利吗？老师刚才问得意思不是已包含了"还有取胜的方法"的话语前提吗？他的话不仅是对教师的挑战，也是对课本的挑战，甚至是对权威的挑战。

我觉得他的话很有意思，就让他说来听听：

"只要不用齐威王的上等马对田忌的下等马，就不会输。"

紧接着我让学生讨论分析，看他的话是否有道理，学生讨论得出：

齐	田	齐	田	齐	田
上	上	上	下	上	中
中	中	中	上	中	下
下	下	下	中	下	上
3：0		1：2		2：1	

只要不出现第二种情况："用齐威王的上等马对田忌的下等马，太浪费资源了。"就会永远立于不败之地。

至此教师总结：在同级马的比较中，齐威王是占绝对优势的，但孙膑的建议能以巧取胜，说明认真观察，科学分析，正确思考往往能创造奇迹。杨雪同学的话说明只要保持冷静的头脑，沉着应战，不让别人钻自己的空子，就能永远立于不败之地。

[案例分析]

杨雪同学的发言不啻于晴日一声响雷，从事物的另一个方面提出自己的看法，实际上从另一个方面帮助同学突破了老师所提出的难题，深得异曲同工之妙：只要齐威王不贸然用上等马对下等马，是不会失败的。这从另一个方面给教者本身带来启示：在阅读教学中，在引导学生理解课文内容时，在基本把握句子本意后，若反其道而行之，从原文的相反面来分析句子意思，人物形象，思想感情，把握事物的内涵与本质，比遵循司空见惯的顺向思维效果要好得多。在尝到甜头后，因此在阅读教学中，对于学生创新思维能力的培养，我从多方面作出了尝试。

(一)一分为二,科学分析

例如:人们通常认为狐狸是狡猾的、贪婪的、诡计多端的。但《狐假虎威》中,塑造了一只聪明灵活、面对凶悍的老虎镇定自若,将计就计,降伏暴君的一种智慧的化身,也是教育人们要善于自卫,巧于自卫,勇于自卫,使人们的思维经历了由贬到褒的过程。再不能用《狐狸和乌鸦》中"狐狸是个大骗子"的老眼光来看待它。同时教育学生用一分为二的观点科学多方位地分析问题,处理问题。

在《赤壁之战》一文中,要让学生掌握以少胜多的史实,还要正确分析昔日双方的战略部署,准确挖掘主要人物形象,同时还要教育学生认识到纵然在赤壁,曹操的80万大军被周瑜付之一炬,自己也是死里逃生,留下了千古笑柄。但"瘦死的骆驼比马大",曹操仍然是中国历史上首屈一指的。在赤壁之战中只不过是"天要灭曹",在寒冬腊月的连船练水军,刮了几阵东南风,难道这不是天意吗?由此可推想文中关于"诈降"成功,"借东风",读了《三国演义》的人都知道是离不开诸葛亮这位神人的。

通过以上事例,要教育学生善于从正反两个方面去深化理解许多传统的偏见,促进辩证思维,培养创新能力。

(二)迁移类比,激活思维

在同组课文中或在同体裁课文中,在同人物形象的课文中,故事情节、场景、背景、人物情节等方面具有一定的关联性和可比性,在阅读教学中,可引导学生进行迁移类比,展开丰富的想象,加深理解,激活思维。如在执教人教版第十册25课《夜莺的歌声》一文时,先学习了《王二小》一课,将中国的王二小与苏联的小夜莺进行对比,挖掘各自的异同,共同的都是游击队员,都很机智勇敢,都为革命斗争贡献了自己的力量。但不同的是王二小遇到的是大规模扫荡的队伍,无法脱身,最终献出了年轻而宝贵的生命,而小夜莺遇到的是小股德国兵,加上他本人的机灵,大智大勇,善于掩饰,行为老练,既成功地完成了党交给的任务,又安全脱离虎口,更加凸现出他作为专业情报员的临危不惧、坦然自若、应变自如的品质。两文并讲,唤醒学生已有的知识底蕴,在极短的时间内就抓住了课文的主要内容,抓准了人物形象及思想内涵。

另外在执教《丰碑》一文中最后一句话时:如果胜利不属于这样的队伍,又会属于谁呢?我教这一句时,着重讲解了"这样的队伍"是哪样的队伍,让学生从"并案处理"中吸取经验来"并文处理"。这样的队伍中有方志敏同志一样不为钱财的红军领导人,有用胸口堵机枪而英勇牺牲的黄继光,有烈火烧身纹丝不动严于律己的邱少云,有为了解放事业舍身炸暗堡的董存瑞,有舍己为人、一心为公的筹备处长,有浴血奋战的狼牙山五壮士,有不顾天险抢渡大渡河、飞夺泸定桥的红四团……有了这些人物形象在眼前闪过,理解这句话已不是难事了。

(三)反弹琵琶,标新立异

创造性思维是一种求异思维,它要贯穿于创造性活动的始终,它往往表现为对司空见惯的现象和已有的权威持不怀疑的、分析的、批评的态度而不是轻信和盲从,求异思维在多数时刻要求"反弹琵琶,别出心裁",在质与量,深度与广度上对正向思维提出挑战。《两个铁球同时着地》就是一篇很好的范文,教师要以此为契机教育学生要敢于"鸡蛋里挑骨头",善于钻牛角尖,大胆向教师、教材、权威说不,拓展思维,拓宽思路,培养学生的积极探究和勇于创新的精神。

2.依照教育案例研究的对象可分:描述性案例;说明性案例;证实性案例;探索性案例等。

例如:

[描述性案例]

教 学 相 长
——一次研究性学习活动的反思
湖北省潜江市杨市刘岭中学　何立成　王立新

今年四月，在一次市组织的新课验收考试中，有这样一道题：列举人体上的物理知识：

例：人的手臂是一个费力杠杆，可以省距离。

①_____

②_____

③_____

考试结束后，在进行质量分析时，我发现该题得分情况并不如想象中的理想。由于这是一个开放性的问题，同时又带有很强的实践性，于是在讲评试卷时，我并没有把它作为一个习题来处理，而是把它作为一个实践探究课题布置了下去。学生对此表现出浓厚的兴趣，流露出兴奋的神情。

我让学生们采取了分组学习的方式，采取自愿组合、优势互补和分工合作的原则，同时给学生们提出了三条指导性建议。

(1)要求各小组通过网络、电子百科全书、图书、教科书以及调查、请教等渠道了解人体物理知识。

(2)归纳整理出本小组感兴趣的知识点，而且这些知识点是有进一步探索价值的。

(3)要求各小组在小组日志中将每一步活动都详细记录下来，为最后的评价提供资料。三四天后，各小组陆续交来了他们收集到的有关人体物理知识。有的详细，有的简略，有的是已学的知识，有的则是现在还未涉及的内容，表明各小组都很积极，有很高的求知欲和一定的探究能力。然后，师生共同对选题进行了分析归纳，共选定下面三个课题：

(1)科普小论文：①谁主沉浮——人溺水原因的分析。②人脑磁觉。③安全用电常识。

(2)实验：①中学生心脏功率的测定。②人体身高的变化。

(3)科普报告：人体杠杆系统。

两周过后，各小组交来了自己的论文和实验报告以及演示文稿。

作为教师，我怀着兴奋的心情仔细批阅了他们的论文，将有的知识点根据他们提供的资料仔细推敲了一遍。事实上，有的地方，他们看到的材料比我掌握的要多。看到他们所写和所学，我突然认识到国外的教学常以问题随机切入，而不强调知识的系统性和完整性，也是有一定道理的。

在反复学习思考后，我对学生提交的论文等材料提出了修改意见，与各小组反复磋商，和他们一起进行了修改。最后，同学们向全校作了成果展示，博得师生一致好评，尤其引起了七年级同学的极大兴趣和热情。一位同学在自我评价中写道："物理原来并不神秘，它就在我们身边，物理不只是解题，原来它还这么有趣，还可以这样学，这次研究性学习让我明白的东西太多了，以往觉得很深奥、很难的物理与我亲近了许多。"同时我又想起了爱因斯坦所说的一段话："用一大圆圈代表我所学的知识，圆圈之外有那么多空白，对我来说就意味着无知，圆圈越大，它的圆周长就越大，它与外界空白的接触面也就越大，由此可见不懂的东西还多得很呢……"

我对电脑的了解原本只限于初一教师在课堂上讲的一点理论知识，在这次活动中，我学会了上网，如利用其搜索功能，在"雅虎""新浪""网易"等网上获得了很多相关的资料和图片。

（这次最有收获的是，我学会了自己发现问题、思考问题，找资料自己来解决问题，自己动手去验证自己的猜想，不像以往上课前死记背一些条条，只等教师上课提问。）

古人云："教学相长。"通过指导学生研究性学习，自己也有很大的收获，对自己以前的教学也进行了很好的反省。

第一，教学思想要与时俱进。

长期以来，物理教学形成了以物理概念和物理规律教学为主线的思想，注重系统的物理基础知识，并通过大量练习（书面练习）形成学生"应用"这些知识的能力，而忽视了科学方法（过程）的教学，忽视了学生的"想"和"做"，所以学生一谈物理，就说"难"。科学方法作为一种思维方式，本身蕴涵着巨大的智力价值，学生一旦将其内化为自己的思维和行为方式，不仅能更透彻地理解物理知识，还有利于他们智力特别是创造能力的发展。从一定意义上说，物理是一门开放的积极的研究科目，物理学习也应该是一个开放的探索过程。因此，物理教学应从学生感兴趣也比较熟悉的现象入手，给学生提供参与研究过程的机会，让他们亲自去探索，验证概念，去修改错误，去寻找解决问题的方法，培养学生的创造能力，使他们学会学习和思考，真正由"带着知识走向学习"向"带着学习走向知识"的转变。

第二，确立学生是学习的主体地位。

研究性学习，充分调动了学生的学习积极性，学生能生动、活泼地探究；教师不仅仅是传授知识，而且是激活知识，是学生学习的伙伴。要让学生在探究中展现才智，体验成功，增加自尊和自信；而学生的乐趣也正是来自教师对学生的热爱、理解和尊重。

第三，模糊学科界限，注重学科交叉。

科学、技术、社会是一个复杂的相互作用的动态系统，而分科教学在相当程度上远离了现实世界，远离了学生的生活和经验。模糊学科界限可以帮助学生从整体上把握各学科的联系，把握知识、把握世界。在这种形势下，教师要具有学科间的知识交叉授课能力，模糊学科界限，突破固有的思维模式，使自己充满时代精神。

第四，提高素养。

加强学生的人文精神的培养，通过研究性学习，开阔学生的视野，活跃思维，使学生知道如何开展物理活动，如何运用掌握的科学知识解决实际问题，使学生意识到科技通过什么途径影响了我们生活环境和生活方式，培养和提高他们的积极合作精神和强烈的社会责任感。

3. 依照教学案例的介入属性，又可将其划分为：意外式案例、主题式案例和综合式案例等。

例如：

[意外式案例]

英语教学反思案例
—— 意外的收获

湖南省岳阳市第九中学　严芙蓉

以往我给学生们讲解英语周报上的练习题时，习题中常常遇到一些上新课时未讲到的词汇、短语或句型，影响学生做题。每次上这样的练习课，我总是边讲解这些教材中没有出现的新知识，边让学生记笔记。一节课下来，教师教得辛苦，学生学得认真，总觉得教学效果应该不错。可往往事与愿违，练习中讲过的这些新知识，学生们下次碰到时仍然感到陌生。

于是我尝试着在钻研教材的同时，自己先把这些与教材配套的辅助习题全部做一遍，当遇到课本上未涉及的知识，我就把它们圈出来，写在我的教案中，并将它们有机地贯穿在新课中教给学生，待下节课再把这些知识复习巩固一遍。这样一来，学生基本上都能掌握，并能较好地运用这些知识做题。例如，七年级下册英语周报中常碰到一些不规则动词的过去式 got，bought，met，gave，told 等是教材中未出现过，影响到学生做题的。我在授新课时提前教给了学生，他们在做练习题时碰到了这些词汇做起题来就会得心应手，不再有畏难情绪。除此之外，我还把周报中学生遇到的暂时未学但以后要学到的常用词组和句型提前教给他们，并让他们反复练习，直到他们巩固、掌握，直到熟练运用这些知识为止。学生们体验到了成功的喜悦，学好英语的信心也就更足了。

　　同样的知识，用不同的方式教给学生，效果截然不同，这就是我教学中一点意外的收获。并且，上新课时，我让学生把这些教材中未出现的知识记在专门的笔记本上，不时拿出来复习，学生们慢慢养成了积累的习惯，一个学期下来，笔记本上记得满满的，他们的知识面也拓宽了，英语学习兴趣也越来越浓厚了，这更是学生们"意外的收获"。

[主题式案例]

让作文教学闪耀着"人文"的光辉

武汉市建九小学　姚　燕

[案例]

　　师：同学们，今天，老师带来了一句名言——世界并不缺少美，缺少的是发现美的眼睛！多么有哲理的一句话呀！一起来读读吧！

　　生：齐读。

　　师：谁来说说对这句话的理解。

　　生纷纷回答。

　　师总结：是呀，美丽的风景，美丽的物品，美丽的心灵。我们的生活处处都充满着美就看你会不会发现。你们有一双发现美的眼睛吗？

　　生异口同声：有。

　　师随即请班上一名平时特调皮学习成绩也不太好的学生站起来问：你们发现他身上的"美"了吗？（面对如此一个调皮的学生和突如其来的提问一时间孩子们沉默了。）

　　师马上说：我就有一双发现美的眼睛，他虽然调皮，但很喜欢助人为乐，上次……

　　一石激起千层浪，学生纷纷举起手。

　　生1：他的模仿能力很强，有一次表演他……

生2：他胖乎乎的，多可爱呀！平时，他很乐观，总爱笑。

生3：他还很爱班集体呢。昨天，别的班的同学在我们班包干区扔垃圾，他还去找那位同学评理呢……

生1：他很大方。有一次我们献爱心捐款他……

（被请起来的学生脸上乐开了花，随后老师请他也说说自己的优点。这名调皮的学生激动得满脸通红。）

师按照同一方式又请一名默默无闻的学生起来（这次学生发言更加踊跃）。

师：其实，我们班的同学优点很多，特点与众不同。我们每个人都应该有一双发现美的眼睛，现在就请你去发现一下班上的同学的"美"吧。（学生下位寻找"美"，学生情绪高涨。）

师：刚才的一幕多带劲呀！你"发现"了谁？你"发现"了什么？你有什么感想？请同学们先在座位上说一说，再进行四人小组交流。（学生七嘴八舌地说，并进行交流。）

师：谁上台来说？

（学生上台进行全班交流，老师适时点拨引导，归纳写作顺序：1.点明"发现"了谁？2.具体叙述"发现"了什么？侧重于事例。3.写自己"发现"后的感想。4.学生写出习作草稿。）

[反思]

一、引导学生追求人性之美

新的课程标准明确提出：工具性与人文性的统一，是语文课程的基本特点。作文是学生语文素质的综合体现，语文学科鲜明的人文性在作文教学中应有突出的表现。我们只有引导学生在凝重而厚实的人文气息里接受熏陶，学做真人、追求真知、吐露真言、抒发真情，让课堂充满人文的灿烂的阳光，才能使作文成为一种真正提高人素质的活动。

作文教学中，教师要让学生做真人、求真知、抒真情、吐真言，就须让学生懂得追求人性之美，让学生在现实生活中发现人性之美。

《我有一双发现美的眼睛》以寻找学生的闪光点为载体，不但很好地顺应了学生被认同、被赏识的心理需求这一心理趋向，同时也很好地暗示了学生评价人的方法：应学会正面欣赏他人，要善于发现他人身上的闪光点，立体地评价他人，不要用挑剔的眼光看待他人。教师充分的挖掘作文隐含的人文价值，努力创设和谐、融洽、欢快的人文氛围，引导学生在张扬个性的过程中，潜移默化地培养人文个性和人文精神，这正是一次做人与作文的有机结合。

二、引导学生充分展示个性

在教学中引导学生展示个性，是作文教学的目的之一。写出能真切反映自己所见所闻，具有一定独到见解的特色作文，就需要教师创造一种精神振奋、生气勃勃的课堂气氛。《我有一双发现美的眼睛》这节习作课，学生兴致高涨，思维活跃。不少学生的习作几乎是一气呵成，一扫平时习作的畏惧、为难。这是为何呢？就是由于教师引导得法。

1. 迁移效应。教师把封闭，枯燥的作文指导迁移到现实的情景中，使学生通过看、听、想、说的过程，把直观感受和抽象思维有机地结合起来，使学生达到"乐于表达，言之有物"的目的。

2. 椰壳效应。一位小孩吃饭总是吃不多，家长哄、骂要孩子多吃点，总不见效。一次，家长出差带回一只别致的椰壳碗，家长用椰壳碗盛饭，那天孩子饭量大增，家长喜出望外。这就是椰壳效应，其本质就是改换一种新颖的方式，满足人类求新、求异的思维需求，以获取较好的效益。《我有一双发现美的眼睛》其内容无非是写同学的优点和特点，和《我的同学》《记一个熟悉的人》等常规习作内容并无二致。但为何会有两种不同的效果出现呢？究其原因，《我有一双发现美的眼睛》就是运用了"椰壳原理"，对习作教学方式进行大胆的创新，进行了适度包装，用喜闻乐见的方式引导学生发现优点、评说优点，学生自然兴趣盎然。

3. 参与效应。《我有一双发现美的眼睛》很好地引导了学生参与活动、习作的全过程，从引出素材、到呈现素材，从理解素材，到表达素材，学生亲身经历，感受颇深，写出来的文章也就有血有肉，感情也就真挚可信。

4. 从传统学科分，我们可将教育案例分为：教育学案例、心理学案例、教育管理案例、教育经济案例、教育立法案例等。

例如：

[心理学案例]

收 获 成 功

湖北省秭归县职教中心　王恩军

一、案主资料

案主姓名：江波（化名）　　　性　　别：男

年　　龄：17岁　　　　　　　籍　　贯：湖北

学　　校：秭归县职教中心　　班　　级：2004机电(1)班

辅导时间：2005年10月16日—2006年5月10日

个案来源：2005年10月16日早餐，该生用铁簸箕把他人砍伤住院，班主任调查时极不配合，态度恶劣，并威胁受伤者，班主任移送到学校心理咨询室。

二、主要问题概述（由班主任送来的案主以前写的11份检查，以及班级民主生活小结归纳）

1. 该生自我约束力差，组织纪律观念淡漠，常有赌博、抽烟等恶习，曾多次打架。

2. 作为学生，但不把学习当回事，即使是专业课也无所谓，经常无故迟到，动辄请病假在校外瞎逛，考试时睡觉或在试卷上写歌词，成绩无法统计。

3. 性格异常，易冲动，并有自残行为（曾用小刀在手腕上划出血痕，并留有一道道伤疤）。

4. 屡教不改，在现有班级影响极坏。2005年6月曾因打群架等违纪行为而受到记大过处分,班主任建议学校开除该生。

三、背景资料

(一)家庭背景(案主姑姑到校讲述)

父：39岁,纸厂下岗职工,无业游民,吸毒,亲戚避之如瘟神,系案主的法定监护人。

母：36岁,与案主的父亲于三年前离婚,已改嫁,是案主目前的主要经济依靠。(案主母亲结婚时还未达到法定婚龄),二人离婚时,孩子判给了父亲。

案主平时与奶奶生活在一起,但奶奶总是报怨儿子不争气、媳妇心狠、孙子可怜,对案主有些溺爱。另据了解,案主初中只读到初三的前半学期,后半学期装病在社会上混,参加中考时只凑了个人数。

(二)社会背景

社会环境：

案主居住地系移民前老县城,曾是该县的政治、经济、文化中心,相对于班内其他学生来说,知识面开阔,接受新鲜事物多,比如网络、社交等,但由于特殊的家庭背景,家教的匮乏,隔代亲的溺爱,破碎的家庭造成其心理与社会格格不入,社会的阴暗面被其心理放大,社会抵触情绪严重。

学校环境：

学校系职业教育学校,生源主要来自于农村山区,绝大多数学生基础较差,学习习惯不好。同时专业课教师在管"道"方面稍有欠缺,故对于案主来说,不良习惯尤其是初中阶段的以自我为中心的状况并没有改善。随着年龄的增长,青春期心理的不成熟使得案主越陷越深。少数没有主见的学生的盲目追随使得案主更加放纵,违纪的时候能有心理满足,吆五喝六的感觉能让他忘掉家庭的阴影。

四、个案诊断

(一)需要的不满足

1. 归属和爱的需要的不满足

美国人本主义心理学家马斯洛(A. H. Maslow)提出的人类五种基本需要之一就是归属和爱的需要,它是在人的生理需要和安全需要得到基本满足之后出现的高一级的需要。

对于案主来说,破碎的家庭造成其父爱、母爱需要得不到满足。相反,父亲的游手好闲、母亲的改嫁抛弃,更加造成其心理压抑,就象迷途的羔羊一样孤独无助。

在爱的需要缺失后,无家可归的他极需对群体的归属满足,个别学生的追捧使他与群体之间的距离更大,绝大多数学生的厌恶助长了他与群体的对立情绪,故行为放纵就顺理成章。

2. 自我实现需要的缺乏

由于案主初中就没有念完,学习成绩一塌糊涂,文化基础知识不足,专业课的学习就更加艰难,学习中无成功体验使得他无处宣泄情感。相反,作恶之后的快感刺激他变本加厉,纪律的约束对他来说完全不起作用,受处分之后使他变得更加无所顾忌。

(二)性格特征的异常

案主所出现的易冲动,伴有赌博、打架不计后果、自残行为等都表现出性格的态度特征、意志特征、情绪以及理智特征的异常,心理与行为存在较为严重的障碍。

五、心理辅导与矫正过程

辅导策略:一是在一定程度上使其需要得到满足;二是矫正其性格特征中的非正常特征。

(一)开家长协调会

时间:2005年10月16日

参会家庭成员:母亲、姑姑、案主、班主任

会议内容归纳:

(1)听取家长意见：母亲痛哭近半小时，要求再给学生一次机会；陈述案主小时候聪明、听话，现在自己生活的不易以及对案主父亲的声讨……(目的是唤回案主的良知，学会理解和宽容)。

(2)学校处理意见：一是全额支付受伤学生的医疗、营养等费用(帮助案主树立责任意识)。二是留校察看。考虑到家庭状况的特殊性，暂不把案主推向社会(案主表情异常)。三是签订家长教育协议，由于案主姑姑离学校较近，委托其每周一次到校共同教育(适当满足案主对亲情需要的满足)。

(3)案主自述：开始意识到作为即将成人的男孩子所应该有的责任意识；认识到其行为给他人所造成的伤害，包括受伤学生及其母亲；并表态在后面的学习过程中不再违纪，不走父亲的老路，但流露出对父亲的怨恨。

(二)对案主的个别辅导

第一次辅导：(10月25日)案主姑姑、班主任参与。(给案主泡了一杯茶，坐着谈。)

案主自述：一周内无大的违纪，早操迟到一次，上课打瞌睡无法控制，晚上就寝后有讲话现象，打扫卫生不彻底造成班级被扣分，抽了两次烟(据暗访，抽烟始终未断)。辅导：肯定了案主表现，较过去有较大转变，把案主所出现的问题轻描淡写地说成习惯，班主任表扬在搬实验室的过程中积极(案主面露羞涩，证明他人的认可使案主体验到自我实现的需要满足)。

第二次辅导：(11月5日)姑姑到校给案主买了一件外套，称了几斤苹果。当场试穿，都说很帅(很有满足感)。

案主自述：近段时间没有违纪，但感觉很无聊，一上课就集中不了注意力，上机械课时看了课外书，有一天晚上抽了别人装的烟(据查抽烟恶习未改)……辅导时肯定了做得好的，(对于别人来说应该是微不足道的)，并帮助分析了上课注意力不集中的原因、克服办法，指出抽烟的害处，教给他情绪转移的方法。

第三次辅导：(11月8日)案主与外班学生打架。

核实：晚上买夜宵时案主不小心撞了他人，对方以为他是故意的，转过身就推了一掌，二人发生推搡。辅导时肯定了案主未用武器，结合前面的进步软硬兼施，当场二人握手言和。另据班主任反映，案主与班级内同学关系大有改善。

第六次辅导：(12月4日)(案主母亲到校)根据期中学分制评定，只有两门课不合格，辅导时予以了充分肯定，但指出案主抽烟恶习未改，周末外出有喝酒行为，要求案主做到诚实守信，男孩子应该耿直……

第八次辅导：(12月27日)案主主动来到咨询室，称准备参加学校校园歌手大奖赛，但怕唱不好。帮助放松恐惧心理，告诉他拿出过去天不怕地不怕的精神状态轻松上阵。释然，表态：今后一定努力表现，对得起姑姑和老师。(12月29日晚获得了三等奖)

第十二次辅导：(2006年3月20日)厂家来学校面试，案主被上海达丰电脑厂录取，欣喜若狂，表态不再抽烟，不再与社会闲杂人员亲近。

第十三次辅导：(2006年5月10日)学校与电信合作，鼓励学生参加"家校通"活动，由学生给家长写一封信。案主主动给母亲写了封信，请老师帮忙修改，字里行间催人泪下。当场鼓励他忘掉过去，越飞越高。并将辅导记录交给案主保存。

六、后记

"德困生"在学校是一个常见的群体，师生都轻视他们，但他们更需要帮助，只要找到突破口他们也是可以变好的。个案辅导的能力是有限的，对于大多数"德困生"，就需要营造一个积极健康的学校环境，需要用正确的思想去引导，用积极乐观的态度去鼓励。挽救一个"德困生"就是挽救了一个家庭，转化一群"德困生"就是为和谐社会做出了最大的贡献。

5. 从应用角度出发，我们可将教育案例分为：研究用案例和教学用案例。

例如：

[教学用案例]

激趣　呈现　交际　朗读　背诵
——对初中英语课堂教学的反思

湖北省秭归县实验中学　谢海凤

我国中学生学习英语大多数处于起始阶段，是初学者。他们对英语语言的感知非常有限，学习主要以每天的一两节课为主，加上师资、教学条件和英语学习氛围的原因，学生很少自然地、地道地输入语言信息，缺乏英语习得的环境，这给他们学习英语带来很大的困难。久之，很多学生对英语学习失去了信心，课堂上不爱发言和思考问题，不参与教学活动，以致课堂教学效果不好。那么如何才能搞好初中英语课堂教学呢？通过认真反思英语课堂教学的几个重要环节，我认为一个英语教师在课堂上要认真做好以下几点。

一、激发兴趣，启发思维能力

兴趣是最好的老师。如果学生对英语学习产生了兴趣和期待，就会不自觉地形成一种渴求接受新知识的内在需要和强大动力，从当前中学英语教学的现状来看，学生容易在课堂教学过程中产生疲乏感。为此，教师在课堂上要时刻都能设法激发学生学习英语的兴趣，唤起学生的求知欲。当教学能吸引学生兴趣时，就可以使学生在学习中集中注意力，对语言材料更好地感知、记忆、思维和想象，从而获得较多、较牢固的知识与能力。如教师在教初二英语第80课 The tiger and the monky 时，就可以充分利用学生喜欢动物的童趣，通过提问、朗读、分角色表演、评比等活动，始终保持学生的学习兴趣，并通过教学和总结让学生懂得弱者可以用智慧反败为胜的道理。

二、多角呈现，激发参与意识

呈现是英语新教材"五步教学法"的一个重要环节，称作介绍或导入。一个善于引导的教师应当精心设计呈现方案，运用各种手段将要教学的语言材料恰当地呈现给学生，扮好"示范表演者"的角色，在意思明了的情景中自然而然就呈现新的语言，从而优化课堂教学结构，为其他教学环节作好铺垫。

呈现的方式有很多，最常见的有如下几种：1. 直观呈现，即用实物、卡片等呈现生词，运用图画、幻灯片或其他电教设备介绍新的语言项目。2. 态势语呈现，即充分合理地利用身体语言，激发学生的学习兴趣，增强教学语言的效果，使所呈现的内容简洁明快，通俗易懂，达到表情达意、事半功倍的功效。如在呈现"laugh, cry, sleep, run, drive, happy, angry"等词时，教师只需用手势动作或面部表情，就能使学生一看便知，一听就懂，一练就会，从而激发学生的模仿参与意识，活跃课堂气氛，缩短师生间的距离。3. 提问呈现，即通过问几个循序渐进的问题，将学生引入新学语言材料。如教师在教初二英语第78课"A page from a student's diary"时，教师可为学生设计以下问题：Do you like babies? Have you ever looked after a baby before? What will you do if the baby is crying? 这样，学生就能迅速理解这节课要教学的内容，从而促进自我参与意识，更加有信心地投入到后面的训练中去。4. 故事呈现，即利用讲故事引出所学新知识，这样学生的注意力就会十分集中，对新知识的接受能力也就会随之加强。初中英语教材中有一些讲人物、说事情、谈经历的对话或短文，教师在呈现时就可以紧扣教材内容，用极简单的英语编成短小精悍易懂且生动有趣的故事，在配以简笔画边画边讲，就可以把训练学生的听力和培养学生阅读理解能力有机地结合起来。

三、情境操练，内化交际能力

根据新的中学英语教学大纲的要求，中学英语教学应"培养学生在口头上和书面上初步运用英语进行交际的能力"。学生是学习活动的主体，学生对教学活动的参与能较好地体现这种主体性，要让学生更多地、更直接地参与课堂教学，关键是创造更多的交流机会和活动。初中阶段的英语课堂教学绝大多数是围绕教学内容，旨在培养学生听说交际能力的各种听说活动，教师应积极开展学生喜闻乐见的各种活动，为每一个学生提供更多开口说英语的机会，使学生在活动中通过交流和合作，锻炼听说交际能力。各项课堂活动的开展需要教师的精心设计，既要从教学需要和学生的实际情况出发，化难为易，步骤合理，又要考虑其趣味性、参与性和一定的竞争性，保证每一个学生都能参与，乐于参与，并且通过这些活动能真正学有所获，学有所乐。课堂活动的类型有：两人对话、角色扮演、表演自编短剧、猜谜、游戏、唱歌、对话、朗读、讲故事、讨论、演讲和辩论等。

四、加强朗读，激活情感教育

语言的本质特征就是其交际功能，即发展听说读写的基本技能，培养在口头上书面上初步运用英语进行交际的能力，要达到这种目的，就必须进行大量的朗读训练。好的朗读使原文的思想、感情、态度、风格等全面内容在有声语言中再现，使文字复活，促进学生听觉能力和思维能力的协调发展，帮助学生增强对词汇和语言结构的理解和记忆，更能克服来自母语的干扰，培养语感，帮助学生巩固所学的英语知识。经常朗读课文及相应的阅读材料，就会增加与生词多次见面的机会，这对训练学生灵活运用常用词尤其是动词短语十分有益。朗读前，教师要讲解课文中的某些生词、词组、难句，使学生懂得语言的词汇意义、语法意义，朗读后要提示学生理解语言的社会文化含义，领会文章的思想、感情和风格，并从一些有意义的文章中受到教育。如学生通过反复朗读初三英语第26课"The man who never gave up"，就能懂得如何写人，通过课文了解爱迪生的生平，并能激发学生热爱科学、献身科学的坚定信念。

五、注重背诵，延展学习目标

要熟练掌握一种语言就必须注意长期的学习和积累，这就离不开背诵成篇成段的好文章。任何语言的学习在初学阶段都必须有一个模仿的过程，而模仿必须先有大量的语言信息输入，必须以丰富的目标语语料积累为基础。学生要发展自然、地道、准确的英语表达，尤其需要采取有效手段，集中大量地输入语言信息，积累大量可以模仿的英语语料，而背诵正好是达到这一目的的好方法之一。因此教师在日常的课堂教学中不宜投入大量的时间和精力进行"题海战"，而应该花气力背诵积累语言材料。为避免背诵活动简单化，以致不能发挥其在语言学习中的作用，应采取优化背诵策略：1.选择合适的背诵材料，其标准为便于学生理解和接受，话题具有现实性和实用性，贴近生活，语言规范、自然、地道，易于模仿和活动。2.确定不同的背诵目标，即针对不同层次的学生制定不同的目标。从最低层次的原文背诵到做与原文有关的练习。不同层次的目标既可帮助较低层次的学生树立信心，有成就感，又可以帮助较高层次的学生不断锻炼提高口头组织语言的能力。3.加强背诵后的活用练习，如改变人称或体裁，根据实物、图形、情景或一连串的词和词组组成的线索复述材料的主要内容，扩展或压缩课文，模仿作文，填空补全，角色转换，翻译等。如学生在反复朗读并能背诵初三英语第66课"Who stole the necklace"后，教师可以安排学生分角色表演或将对话改写成一篇短文等。这些练习既源于原材料，又高于原材料，可以提高学生分析、归纳、判断、整合等综合能力。

总之，初中英语课堂教学应充分体现语言的交际功能，因此教师必须精心备课，结合教学内容利用丰富的图片、实物、情景设计和表演，在开放、融洽、愉悦的师生关系和课堂氛围中自始至终保持学生的学习激情和参与意识，这无疑对提高课堂效果，发展学生能力，巩固教学成果大有裨益。

6. 从内容覆盖面的宽窄，我们可将教育案例分为：一事一例的专题案例和多侧面描述的综合案例。

例如：

[专题案例]

宽容　赏识
——给学生一片爱

浙江省德清县新安镇勾里中心学校　张　芬

有一次，周记交上来后，我发现一位女同学的题目竟是"检讨"，她写道："在语文课上，我偷偷地做数学作业，老师走到近处，我猛然发现，脸火辣辣的，手忙脚乱，不知怎么办好……老师，您也许看到了，也许没看到，可是我觉得只有写出来，说出来，心里才舒服……"看了周记，我想：课堂上听讲时间做作业，而且做其他课的作业，实属"大逆不道"，但对一个五年级学生来说，自制力差，偶尔为之，也可理解。这位同学勇敢地写出来，说明她对此事的危害已有了初步认识。于是，我抓住这个机会，提笔写下了："你是一个好学生。一个诚实的学生，你上课做其他作业，我没看见，但我可以告诉你，我做学生时，也这样做过。但远没有你如此觉悟，相信你今后知道应怎么做！"

从此以后，我再也没看到她课堂上做其他作业了。

[反思]

心理学家研究发现：若故意给某人确定一项品德特征，并明确告诉本人后，就容易导致本人产生与心理学家确定的特征相一致的行为。心理学家称此现象为"贴标签效应"，换而言之，相当于"赏识教育"。作为教师，决不能吝啬自己的赞语。要善于发现每个学生的点滴进步，及时肯定，大力表扬。对学习或表现好的学生大的进步要公开表扬，对学习困难或有小毛病的学生的小进步也要公开表扬。在这几年"德育导师制"实践过程中，我不断摸索，总结出了以下几种方法。

1. 活动法

老师要有意识地组织各种各样的课外活动，尤其对在学习等方面缺乏自信的学生，要鼓励他们大胆参与，充分展示其一技之长，使其找回自信，重塑自我。

2. 总结法

教师要有计划地适时以总结的形式，让学生为自己找优点，同时要组织其他学生给学困生找优点，老师要以喜报的形式向他们的家长通报这些优点，使学生充满自信地面对和克服一切困难。

3. 想象法

要根据每个学生的愿望要求，通过谈话、写小作文等较轻松的形式，有目的地组织学生对自己的未来进行美好的设想，轻松地提出实现这些设想的步骤方法。学生生活上有方向、有目标，信心自然大增。如果能通过多种形式，给学生添上有利于成长的"标签"，将会有效地控制学生的心理活动和思想动态，使其沿着正确、健康的方向发展。

[综合案例]

品德课的精彩 源于生活资源的有效利用
——听品德与社会《谢谢老师》一课教学有感

湖北省宜都市陆城第一小学 邓正平

让生活资源走进课堂，让课堂更具人文气息和生命力，这是新课程特别强调的教育理念。如何创造性使用现行新教材，让生活资源走进品德课堂，我们从理论到实践，从专题讲座到课堂教学研究，从集体备课到相互听课议课，组织了形式多样的系列校本教研活动，促进了品德课教师的专业成长。随着校本教研的不断深入，"生活化"这一教学理念，也逐步被教师们接受和认同，并在教学中得以充分体现。这是笔者随堂听的一堂四年级的品德与社会课，课题是《谢谢老师》。本课的教学目标是培养学生尊师的情感，懂得怎样建立民主平等的师生关系。为了达成上述教学目标，执教者陈敏老师创造性地使用教材，将教材中远离学生生活的内容换成了班本、校本鲜活生动的生活化"尊师"教育材料，教学效果非常好。整个课堂朴实真挚，高潮迭起，精彩有加，生动感人。

一、一枝鲜花，感激学生——激情开课的导语

开课伊始，陈老师拿着一枝鲜花走上讲台，激动地说：

"同学们，今天这节课，我想从这枝鲜花说起。这是'母亲节'那天，李晓晓同学送给我的。我非常感动，这枝花一直放在我的办公桌前，当我备课或批改作业疲倦时，看到这枝花，我会顿感身上的责任，精神倍增；当我看到有同学做错了事，我想厉声批评时，看到这枝花，我会冷静地告诫自己，对学生的教育可要有耐心哟。这虽是一枝寻常的花，却时时激励着我——要努力做一位好老师。为了让老师更了解同学们，也让同学们更深刻地了解自己的教师，今天我们就一起来学习《谢谢老师》这一课。"

教师借助这枝平常而朴实的鲜花，用简洁朴实而充满激情的导语，引导孩子们进入新题的学习。

二、叙说往事，感恩师长——孕育情感的引线

如何突出本课的教育主题，陈老师引导孩子们充分回忆和叙说生活往事，激发孩子们感恩师长的情感。

师：我想问问李晓晓同学，'母亲节'那天，你为什么要送我这枝花呢？"

李：陈老师，我很感激您，我妈妈在外地打工，平时，就是您像我的妈妈一样教育关心我。前天是母亲节，所以我用平时节省下来的零花钱，买了这枝花，想让您能在"母亲节"这一天过得快快乐乐的。（话音落，一阵热烈的掌声响起）

师（感动）：能具体说说陈老师怎么关心教育你的事吗？

李：去年儿童节的那天，您送给我《上下五千年》《名人传记》两本书，当时您说，"读中国历史，学名人精神，你会变得更聪慧。陈老师祝你节日快乐"！我手捧着您送的书，听着您说的话，我好感动"。

师：关心教育同学们，是我们每位教师应尽的责任。其实在你们成长的路上，不只陈老师是这样，还有许许多多的老师都是这样。你们最感谢哪些老师？能说说老师关心你们，且最让你们难忘的一件事吗？

生1：我最感谢幼儿园的王老师，我爸爸是开公共汽车的，妈妈又经常加班，不能按时接我，每次都是王老师陪着我，有时送我回家。我在王老师班上读了两年，两年中，王老师一直是这样的。

生2：我最感谢杨老师和赵老师，那是读二年级的时候，一次课间我不小心摔倒了，膀子还骨折了，当时杨老师和赵老师一边通知我的家长，一边把我送到医院治疗。我住院了，两位老师经常去看我，还给我讲上课的内容。

生3：我要感谢黄老师，我家离学校较远，离黄老师家很近，黄老师经常骑车带我上学、放学，直到现在。今天就还是黄老师带我来的。

……

师：我真为你们遇到这么多好老师而高兴，让我们把掌声送给这些关心教育你们成长的好教师吧。（掌声）

一件件生活往事的叙说，是孩子们感恩师长的真情倾诉；一阵阵热烈掌声，是孩子们对师长热心教育的感激。

三、民主平等，师生互助——共同进步的起点

师生互助互学、共同进步，建立民主平等的新型关系，既是本次课程改革关注的焦点，也是本课教学的重、难点所在。在本课教学中，教师巧妙设计实施了"共话互助情"的环节，引导孩子们领悟新型师生关系的内涵。

师："教育帮助学生，是老师的责任和义务；学生帮助教师，体现了学生对教师的真诚。在我们的学习和生活中就发生了许多师生互助互学的事。现在我们一起说说老师和同学之间相互帮助的事吧。是同学们先说，还是老师先说呢？"

生:"老师先说。"

师:"好吧。记得有一次,李兰同学晕倒了,杨老师连忙把她扶到办公室,胡老师帮忙冲糖水给她喝,李老师连忙给她家长挂电话。上次周迪同学默写的一首古诗中,出现了有好几个错别字,陈老师把他叫到跟前,认真地指导他理解古诗的意思和当时的意境,帮他在理解的基础上纠正了错别字。"

师:不过老师也有很多做得不够好的地方,或许也有犯儿的时候,每当这个时候,作为他(她)的学生应该怎么去帮助老师呢?现在轮到你们说了,谁先说呢?

生1:(坐在最后的一个男孩)我先说。有一次,不知为什么陈老师显得不高兴,我就讲同学们中开心的事,后来还讲了个笑话,帮陈教师忘掉不愉快的事。

师:那次,我真的好感谢你哟。

生2:上次语文老师在黑板上写错了一个字,我大胆地跟老师指出来了,帮助改正了那个错字,老师还说我是"小老师"呢!

生3:三年级的时候,有一次数学考试卷,李老师给我改错了一道题,多给了3分,我发现了就跟李老师提出来了,把分也改过来了。李老师夸我是诚实的孩子。

……

师:同学们说得真好,我代表老师们感谢大家的真诚友好。我相信,民主平等、友好真诚的师生关系,一定会促进我们有着共同的、更大的进步和收获!

四、一封书信,传递真情——贴得更近的师生心

最近一段时间,正逢这个班教数学的老师生病住院,为了不耽误孩子们的数学学习,学校特为这个班请了一位代课教师。住院的老师人虽在医院,心却在孩子们的身上,躺病床上的段老师为孩子们写来了一封信,这节课恰到好处地用了这难得的生活资源,掀起了课堂又一个高潮,让师生的心贴得更近。

师：同学们，从你们刚才的发言中，我知道了你们都很爱老师，其实老师也非常爱你们。生病住院的段老师，虽然不能为你们上课，却非常想念你们，昨天，还专门请人带来了一封信。你们想知道段老师在信中写的什么吗？

生：想——（孩子们齐声回答。）

师：现在我就替段教师读读这封信吧。

四（五）班的同学们：

大家好！

我是你们的段老师，离开你们已经两个星期了，我非常想念你们。此时你们正在干什么呢？新老师的课你们都习惯吗？在病床上的我，一闭上眼睛，我就会看到你们那一张张可爱的小脸。唐黎阳、向思旭同学一定非常认真听讲吧，周颖迪一定坐得很端正吧，何颖、江奥、张爱文同学一定有新的进步吧，还有很多很多的同学，肯定都很有进步，得了不少的星星吧。非常抱歉，因为我生病而耽误了你们的学习，请你们相信，我会很快回到你们身边的，愿我回来时，你们都会自信地对我说："我没有辜负老师的希望！"

最后，让我祝福每一个同学：好好学习，天天进步。

永远爱你们的段老师
2005 年 5 月 23 日

陈老师念这封信的时候，很多孩子哭了，陈老师顺势育情。

师：同学们，听了段老师写来的信，你们有什么想说的吗？

生1：段老师真好，我一定要认真学习，不辜负段老师的期望。用最好的成绩向段老师汇报。

生2：段老师在住院的病床上就没有忘记我们，还给我们写信，我建议我们一起给段老师写一封信，让她好好养病，不要牵挂我们，等段老师病好了，我们一起去接她吧。

……

一封真实的书信，让师生的心贴得更近。"谢谢老师"的尊师情不言而喻，主题教学目标不期而至。

五、总结升华，心理沟通——真诚知心的交流

本课接近尾声，老师安排了师生共同总结，写"知心卡"真诚互动交流的环节。

师：同学们，通过本节课的学习，大家一定很有收获吧？请说说你有哪些收获？

生1：通过学习，我知道老师工作很辛苦，老师很爱我们。

生2：我懂得了我们要和老师互相帮助，和老师一起进步。（掌声）

生3：我还知道了感谢老师的最好办法是要努力学习，取得好成绩。

……

师：同学们，你们的学习收获可真大。还有没有想说的心里话呢？

生：有。

师：请大家把自己想对哪个老师说的心里话，或是祝福、或是希望、或是建议都行，写在"知心卡"里，这样可以吗？（注"知心卡"是我校专门设计的学生间、师生间、学生与家长间心里沟通的小卡片）

生：可以。

师：就请同学们开始写吧。是写给哪位老师的，写好之后，可利用课余时间直接交给这位教师，若不方便，也可请陈老师转交。我相信，老师收到同学的"知心卡"后，一定会非常感动的。

孩子们都一个个认真地写起来，我巡回看了坐在后面几排的同学写的"知心卡"，虽不长，但都很感人。

"段老师，身体好些了吗？您生病住院，同学们都很听新老师的话，数学作业也都做得很好，新老师经常夸我们。您放心治病吧，祝您早日康复，回到我们的身边。"

"陈老师，您的嗓子不太好，经常嘶哑，您可要多吃喉片，还要注意不要感冒。"

"王老师，真是对不起，前几天，您叫我重写作业，我还态度不好，其实您也是为我好，今天我向您道歉，您能原谅我吗？"

"陈老师，您待我们真好，我很喜欢您，希望您下课后多和我们一起做游戏，还希望五年级您还教我们……"

一张张小卡片，一句句发自内心的知心话，表达孩子们的纯真与善良，这是心的交流，情的共鸣，达到"润物无声，教育无痕"的效果。全课在这非常真诚的交流中结束。

纵观这节常规课，浓烈细腻的师生情贯穿全课始终。教师借助了大量的生活资源，没有空洞说教，没有生硬灌输，全课凸显出来的是生活感化和真情沟通。这让笔者再次感悟到：品德课的精彩，源于教师对校本、班本、生本等生活资源的有效利用。只有当生活资源走进课堂时，课堂教学才会精彩；只有当教学富有生活意义时，育人的教学价值才会显现。

7. 从内容性质上我们可将教育案例分为：经验型案例和问题型案例。

例如：

[经验型案例]

如何进行有效英语课堂教学的几点反思

湖南省岳阳市九中　谭丽如

在日常教学中，许多教师经常会遇到这样的困惑：一节课自己认为备课充分，知识讲解透彻，应该有好的教学效果，而事实上呢？学生一个个无精打采，兴趣不浓，教学效果不佳。究其原因，主要有以下三个方面：第一，经科学证明，学生的注意力不可能持续地高度集中，如果课堂乏味，很容易导致学生精力涣散。第二，老师一节课从头讲到尾，学生没有机会参与，导致学生大多处于事不关己的淡漠心态之中。第三，老师没有利用多种有效教学方法，调动学生的积极性。

为了解决以上问题，我在教学中采用一种新的教学方法——课堂生活化，即教师应在《新课标》指导下，努力创设生动和真实的语言环境，让学生在自主学习、合作学习、探究学习中逐渐产生对英语的兴趣和爱好，形成在动态真实环境中使用英语进行活动的积极性，让生活走进课堂。

一、凭借生活创设生动、真实的语言环境

我在教学 Unit 7"How much are these pants?"时，我带了 shorts, socks, a hat, a sweater, a bag, T-shirts, shoes 这些用品，并给每样东西标明价格，自己当店主，学生当顾客，要求学生能熟练运用 How much...? 这个句型，学生兴趣很高，在真实语境中完成了英语学习，提高了学生语言交际能力。还有一些节日如：Mother's Day, Teachers' Day, Christmas Day...让学生为这些节日策划活动，学生在期待这些日子到来的同时，对英语学习充满了兴趣和渴望。

二、运用实物、挂图、简笔画、卡片等巧设情景

初中英语中的大部分单词是表示具体事物的，表示想象内容的很少。教师应尽量使用实物、挂图、简笔画、卡片等进行直观教学，这样就能激发学生学习的直接兴趣，从而掌握有关的单词和知识。

比如教授 Unit 9"Do you want to go to a movie?"时，可以用不同电影种类的海报进行教学。电影种类有 action movie, thriller, documentary, comedy 等。当学生看到恐怖片的海报时，都有点害怕了，教师马上教授单词 scary。教师在教这些表示电影种类的单词的同时，描述性的形容词也教了，从而完成了教学任务。当然巧设这种良好的语言情境，作为教学的示范者、组织者、监督者，对英语老师的要求将更高、更具挑战性，他必须具备协调、促进、指导等整体作用，才可能创设好情境，从而保持课堂的动态平衡，激活

学生主体，活化课堂教学。

三、利用角色扮演，模拟生活进行语言实践

初一学生天真可爱，善于模仿，很容易进入角色。为此，在英语课上，教师可根据课文内容，请学生进行角色扮演。角色扮演能使所学的语言材料显得更加真实，使扮演者身临其境，更好地培养学生的交际能力和表演能力。学生学了有关表情的词汇（如 sad, happy, worried, nervous, afraid 等）后，教师可以让一位学生做一个表情，其他学生说出表示该表情的英语单词。这些角色的扮演，不但使学生复习了有关词汇，也培养了学生的表演能力，寓教于乐。

四、组织符合学生生活经验的活动、游戏，培养学生合作精神

教师要了解学生的生活经验，巧设教学游戏，把游戏运用于课堂教学中，让学生在课堂上不感到拘束，乐于参与学习，能提高学习积极性，使学生享受到轻松愉快的学习氛围。在课堂上学生做自己喜爱的游戏可以使沉闷的学习变成有趣的学习。现在的孩子大多是独生子女，从小娇生惯养，以自我为中心，所以合作精神是孩子们心理健康成长的要素。因此，教师在教学过程中，除了传授知识，还要培养他们的合作精神。教师可以采用小组合作学习的形式，开展游戏活动。例如：教师告诉每一小组的第一个同学一个刚学的单词，八个同学在教师的指令下同时将这个单词告诉自己后面那个同学，一个传一个，最后一排同学中最先知道单词的站起来，大声而准确地告诉全班同学是什么单词，这一组就获胜了。这种小组合作学习的形式要求学生通力合作，精诚协作，才能获胜。所以在一定程度上培养了学生合作精神，团队精神。

中学英语教学生活化是《新课标》强调"在做中学，在学中用"的最好体现，生活化教学使教学活动置于真实的生活背景之中，激发学生听、说、读、写的强烈愿望，而且使学生在学会用英语的同时，学会了做人，将合作精神与实践能力有机结合起来，对提高学生的英语素质有着深远的意义。

8. 从篇幅大小我们可将教育案例分为：短篇案例和长篇案例（1500 字以上）。

例如：

[短篇案例]

十八朵郁金香

黄凤玲

我向大家讲述一个让我终身难忘的故事。

那是今年"三八"节发生的事。当天上午第三节课，当我走进教室时，看到了几个神秘的眼光。开始上课了，纪律很好，突然最后一排的两个男生打了起来，并破口大骂，这时教室就像开了锅一样。我很生气地罚他们出去，叫刘超的学生乖乖地站了出来，但另一个叫陈然的竟对我怒目而视，一动不动。我重复道："陈然出去!"谁知他竟又坐回到位置上。全班同学都看看我又望望他，弄得我很尴尬。我当时眼泪都快出来了，但陈然仍无动于衷。我讲课的心情一扫而光，开始给学生讲鲁迅的故事，讲着讲着，我发现陈然低下了头。

下课后，我径直走出教室，没有解决当时的事，也没有找他到办公室。这时几个学生尾随我到办公室，安慰我说："黄老师，您别生气，我们让他给你道歉，您身体不好，一定要保重!"说着说着，又进来一群学生，同样是关怀的话语，我突然发现了孩子们那颗金子般的纯洁的心在闪光。人性中善良、真诚、执著的优点都表现了出来，让我非常感动。这时我发现陈然站在了办公室门口，但后面跟了几个男生，看得出来他是在同学们的帮助下来承认错误的。此时此刻，我已不再生气，开始反思我自己是不是也错了。我为什么不能像朋友一样与学生沟通，虽然我平时工作很努力，但效果却一般，是不是我与学生沟通的方式不妥。

我忽然改变了自己的主意，不让陈然向自己承认错误，而是我主动向陈然承认自己的不妥。这时同学们都露出了快乐的笑容。陈然更加愧疚，眼泪都出来了。同学们忽然从怀里拿出来一朵鲜花，是真正的郁金香，整整十七个同学拿了十七朵花。每个同学都激动地将花送到我手里并说："黄老师，节日快乐！"

这一朵朵鲜艳的花朵，不正像孩子们的脸一样：可爱，纯洁，真诚？郁金香是送给妈妈的，我为什么不能像妈妈一样去包容他们，爱护他们？做一个"传道、授业、解惑"的好老师？

第三节下课了，我发现陈然又站在了办公室门口，手里捧着一朵郁金香和一份检讨书。我和他谈到了放学，问清了事情的原委，谈了许多做人的道理，学习的方法。他对我也像朋友一样倾诉了自己的心声，原来他没有妈妈，他希望我像妈妈一样为他遮风挡雨，成为他心灵的港湾，而我却没有做到。望着办公桌上这十八朵鲜花，我真是又激动又羞愧。

我想我一定要改变自己的态度，注意师生地位的变化，让学生更加喜欢我，做学生的良师益友。我相信只要有付出就会有回报。

[长篇案例]

交流就有心动的感觉
——《一株紫丁香》教学案例及反思

湖北省孝感市玉泉小学　周静英

片段一

师：（我在教学第3小节时通过指名读：理解一天的疲倦后提出：）老师在什么时候会疲倦？

生：老师眼睛红肿时，看上去很疲倦。

生：老师深夜在台灯下备课，批改作业。

生：老师耐心地辅导我们学习。

生：当我们不听话，老师生气时最疲倦。

生：我上次只考了51分，在班里是倒数时，老师看上去很疲倦，我觉得最对不起的就是老师。

生：有一次，我和郑洁为一件小事而争吵，最后老师知道了语重心长地对我们说："同学之间要互相团结，互相帮助。"老师，在这里我要向你诚恳地说声：对不起。（孩子说着说着就哭了，教室里响起了雷鸣般的掌声。）

生：（激动不已地站起来）老师，我们再也不会让你疲倦的，每天都让你过得开开心心的。

师：（含着泪点点头）你们一定会的。

生：（表现一向不是很好的罗思瑞快速站起来）老师，我保证上课专心听讲，认真完成您布置的作业，把成绩搞上去！

生：（为小事和郑洁争吵的同学也站起来）我再也不打架骂人了。遵守学校的各项规章制度，老师就不觉得疲倦了。（坐下来又激动地说）周老师，你看我的行动吧！

（听了孩子们的一句句肺腑之言，我情绪激动，情不自禁地鼓起掌来，顿时班里掌声阵阵，在热烈的掌声中，在开心的笑声中，在声声的愿望中，这节课下来，孩子们学得认真，情绪高涨。）

师：（学习第5小节时，我提问）老师做了一个什么样的又香又甜的梦？

（学生都在下面纷纷猜想，一会儿小手林立般地举了起来。）

生：梦见老师拿着紫丁香在闻着香甜呢！

生：梦见孩子们认真读书！

生：梦见老师生日我们都给老师送去了礼物。

生：我想周老师一定梦见我们毕业时灿烂的笑脸。

生：周老师，你一定梦见我们长大后的样子！

师：是啊！周老师梦见你们长大后成为科学家、医生等对社会有用的人。

生：周老师，你一定梦见我长大后成了科学家，造出宇宙飞船，把你也带上太空。

生：周老师梦到了我们班成了文明班级，个个是三好学生。

生：我们考上了名牌大学，教师节那天我们开着大巴来看望周老师。

生：(一个调皮的孩子满怀希望地望着我)老师，您肯定也梦见我变成了一个老师爱、同学亲、爸妈疼的好孩子。

生：梦见了紫丁香在给老师轻轻地抚摸。

生：(迫不及待，焦急)老师，您梦见我爸爸回到我身边来了吗？(她爸爸于一年前同妈妈离婚)

(那一刻，教室里静极了，我蹲下身子，温婉地与她对话，想极力抚平她幼小的创伤。)

师：孩子，我梦见了爸爸妈妈有说有笑地牵着你的小手在散步呢！

生：(高兴得手舞足蹈)啊！我好幸福，终于可以和他们团聚了。

(看着孩子天真、淳朴的样子，我忍不住流下了眼泪。)

反思：多有意义的一堂课，通过课堂，师生彼此走进对方的心灵。孩子们对老师的工作更理解了，对老师也更尊重了，他们也会更努力学习了。课堂上，用心聆听孩子们的心声，意味着心与心的碰撞、爱与爱的交流、情与情的融汇；课堂上，用心聆听孩子们的心声，意味着孩子思维的自由，还孩子表达的自由，还孩子心灵的自由；意味着对孩子个性的尊重，对孩子标新立异的青睐，让孩子走进心灵的沟通，才能唤起内心的共鸣，产生心灵的碰撞。只有这样才能进行人文教育，孩子的情商、智商才能得到提高，教学对话才能在心灵深处真正进行。

片段二

小组讨论完"我们为什么要在老师窗前栽下一株紫丁香"后，同学们更进一步地明白了诗中"我们"的良苦用心，明白了"紫丁香"为老师所做的一切，大家似乎沉浸在那种美妙的景象之中。

生：(突发奇想)为什么课文没把那些小朋友一同画上呢？

(真是"一石激起千层浪"，没等他说完，同学们就各抒己见，踊跃发言。）

生：画不下了呗！

生：夜深了，小朋友都已回家了。

生：窗前的那株紫丁香是小朋友种的，就好像是那些小朋友一样。

生：对呀，啊！

（此刻，我已经深深体会到孩子们对紫丁香的深层的理解。）

生：老师，那句"老师，休息吧！"是谁说的呀，小朋友不是都睡了吗？

（我正想直接告诉这些可爱的孩子，可孩子们却极其热情，小手举得老高，我又有些不忍心打击他们的积极性。）

生：应该是星星和月亮说的。

生：我觉得应该是小朋友要星星和月亮姐姐告诉老师的。

生：不对，应该是小朋友把心里想要对老师说的话托绿叶说的。

生：小朋友栽的紫丁香也可以告诉老师呢？

生：太晚了。

生：小朋友都入睡了，只好托梦给星星和月亮姐姐。

生：那可以写封信给老师放在桌上，老师就看得见了嘛！

生：对。

（学生终于在争论中达成一致，脸上露出了兴奋的笑容。）

师：那你们把想对老师说的话写下来好吗？

生：好的。

（学生纷纷拿出手中的笔，兴致盎然地写了起来，师生之间的浓浓情谊荡漾在彼此心间。）

反思：伟大的物理学家爱因斯坦曾经说过："教育，就是把教过的东西都忘掉之后剩下的东西。"我想，要让每一次语文教学在孩子的心中留下轨迹，甚至成为孩子们生命中重要的一部分，只有让情感去感染情感，让心灵去点燃心灵，让生命去感动生命。《一株紫丁香》代表的是孩子们诚挚的心愿，是对老师的爱，是体验师生情，感悟诗歌美的绝佳教材。

"为什么课文没有把那些小朋友一同画上呢？"是学生思想的疑点。如果当时一味地忙着完成教学任务，一味地跟着教案走过场的话，学生就不可能会深入思考，碰撞出智慧的火花，而像这样有价值的生发点在我们的课堂中处处存在。如何将它挖掘出来，引发思想的共振使学生有所得，我想教师应放开手脚，让孩子畅快淋漓地、大胆地说说自己心中的想法，说自己独特的见解。亚里士多德曾说过："思维是从疑问和惊奇开始的。"学生这一问，使大家情绪高涨，课堂成为学生主动探究的天地，这也许打破了老师原来设计的教学计划，但是进一步加深了学生对文本的理解和感悟，使课堂充满了浓浓的创新气息和多姿多彩的童心情趣。我觉得这才是最珍贵的课堂资源，再者需要教师敏锐地抓住学生思维的"闪光点"引发课堂的交流讨论，从而把学习引向深入。

9. 从表现形式上我们可将教育案例分为：提示型案例、研究型案例、实录式案例、摘要式案例、点评式案例，书面文字案例和影视表演实录案例等。因此不言而喻，教育案例素材的丰富性，就决定了教育案例类型的多样性。

例如：

［实录式案例］

感悟美　体验美　创造美
——《小小的船》教学设计与评析

湖北省老河口市仙人渡镇林岗小学　张俊丽

《小小的船》是人教版义务教育课程标准实验教科书《语文》一年级上册的教学内容。

教学目标：

1. 认识九个生字，会写4个。认识1个偏旁"门"。

2. 正确、流利地朗读课文，背诵课文。

3. 感受晴朗夜空的美丽，生发热爱大自然的情感。

教学重点：

朗读、背诵课文和识字、写字。

教学难点：

感受夜空的美丽，生发热爱大自然的情感。

教学准备：

弯弯的月亮道具　　　　CAI课件

教学实录

一、情景导入

1. 谈话导入

CAI：以"神舟六号"载人航天飞船为背景，认识聂海胜和费俊龙两位航天员，讲解有关知识。

师：现在让我们一同坐上飞船到太空上去看看美丽的景象吧！

（同学们欢呼雀跃。）

2. 走一走

（我们到了，请上月亮船吧！）

CAI：以蓝色背景为基调，呈现蓝蓝的天、弯弯的月、闪闪的星星的夜空图。学生在《小小的船》的音乐伴奏声中走进教室，在摆成半圆形的座位上坐下。

师：小朋友们的表现就像刚才的两位宇航员叔叔一样勇敢，为了奖励你们，老师带来了好多礼物。

二、引导掌握

1. 学习课文

师：（出示弯弯的月亮道具）小朋友们看，这是什么呀？像什么呢？

生：像眉毛、像香蕉、像镰刀、像月亮……

师：这只像月亮的小船多美呀，现在请大家借助拼音读读课文，要读准字音，读通句子。看谁读得最认真，老师就奖给他一只月亮船。

（生自由读。）

师：谁愿意来朗诵这首儿歌？

（请一人上台朗诵。）

师：你朗诵得真不错！声音洪亮、真有感情，像一位小诗人！（再请1～2名学生朗读，及时评价。）

CAI：出示夜空图，放《小小的船》歌曲。

师：大家听，会唱吗？那我们随着音乐一块儿来朗诵一遍吧！看谁朗诵得最投入。

2. 学习句子

师：小朋友们朗读得真棒！老师也想为你们表演呢！

（教师声情并茂地朗诵，学生评价。）

师：大家刚才的表现真棒，现在你认识这些句子吗？谁能读对两个，老师就将给他一只月亮船。（指名读，及时奖励。）

CAI：出示下列句子：弯弯的月儿　　小小的船
　　　　　　　　　　闪闪的星星　　蓝蓝的天

师：小朋友，让我们来变身，变成你想变的美丽月儿、星星吧！

（生随音乐伴奏边读边动。）

师：（邀请一位刚才表演得出色的小朋友上台。）老师觉得他的动作很美，我们一块来学学他的动作怎样？

（全班模仿这位小朋友的动作，边动作，边学句子。）

师：还有没有不同的发现，请想一想：

　　弯弯的（　　　）　　小小的（　　　）

　　闪闪的（　　　）　　蓝蓝的（　　　）

（请学生创新想象，然后教师组织学生评价）

3. 学习生字

CAI：出示夜空图。

师：闪闪的星星多美呀，他们都有自己的名字，你知道他们分别叫什么吗？（点击课件，星星上显示出要认识的生字，学生抢读。）

师：谁能告诉老师，你是怎样记住这些生字的？

生1：我是这样记住"坐"的：两个人背靠背坐在地上。

生2：我使用组词记住"见"的：看见、再见。

师：小结记字方法。教给学生用熟字加偏旁的方法：人＋门＝闪　从而让学生认识"门"字框。

三、指导写字

1. 星星快要睡了，老师这儿有一座座漂亮的房子，我们怎样才能让这几个星星舒舒服服地睡好呢？

2. 师范写，指导要点：

"白、田、由"三个字的"口"都要写得上宽下略窄。

3. 学生描红，并认真临写。

4. 选择有代表性的作业，评一评。

四、拓展想象

1. 引导想象

师：（来到学生中间，有感而发）看看同学们把星星放进了房子里，我仿佛来到了仙境般的太空中，飘啊飘，碰到月亮，遇到还没睡觉的星星，他们都在向我问好……

师：（睁开眼睛）刚才，你们仿佛来到了哪里？看到了什么？美吗？

（生畅所欲言。）

2. 齐背课文。

3. 动动手，画一画。（课后举行画展）

师：你们的想象力真丰富。（手指画纸、画笔）老师为你们准备了许多绘画的工具，你们喜欢画画，就把你们想象的美丽的大自然夜空的景象画出来吧！

（生自由选择，现场作画。师巡视中，发现具有特色的作品，及时并进行表扬。)

[研究型案例]

赏识，让孩子扬起自信的风帆
——人教版品德与生活《成长的脚印》例谈

浙江省湖州市德清洛舍中心学校　张　芬

一、案例——一堂《成长的脚印》课

美国著名心理学家詹姆斯说过："人性中最深切的本质是被人欣赏的渴望。"赏识导致成功，抱怨导致失败。著名赏识教育家周弘，凭着感天动地的父爱和独特的赏识教育方法，把双耳全聋的女儿周婷婷培养成全国十佳少年，中国第一聋人大学生，留美博士。赏识对于成长中的孩子是至关重要的，赏识可以发现孩子的优点和长处，激发孩子的内在动力。对孩子进行赏识教育，尊重孩子，相信孩子，鼓励孩子。可以帮助孩子扬长避短，树立自信心。在实际工作中，我深深体会到：对学生进行赏识教育，是促使学生将自身发展至极限的最好方法。是促使孩子性格开朗、形成自信、走向成功的有效途径，其所能达到的教育效果往往出乎我们的意料。

前段时间，我上了一堂《品德与生活》课——《成长的脚印》，其中设计了这样一个教学片断：

师：同学们，有谁愿意把自己近两年来的变化讲给大家听听？

生：我跑步更快了。

师：是比上学期跑得更快了吧？可真是个进步生呀！

生：我变聪明了，老师提出的问题我都能答出来了。

师：老师也注意到你这个变化了。

生：我以前的字写得不好，现在写得好多了。

师：能把你写的字展示给大家看吗？

生：行！（孩子出示了以前和现在不同的作业本，现在的作业本上整洁、端正的字获得了同学们的掌声。）

（孩子们在回答和展示中，在教师充满赏识的目光和言语中体验到了成长的快乐，个个脸上洋溢着幸福而又自信的微笑。）

（这时，一个女孩子站起来了。）

生：（满脸自信）老师，我会拉二胡，还得了奖呢！

师：（竖起了大拇指）呀，你可真了不起。你能不能现场演奏一曲给同学听听？

生：好！（孩子拿起二胡拉起来，二胡声断断续续，有音阶变化但并不成调。）

（下面的孩子笑了起来，孩子们议论纷纷："拉得一点儿也不好。""你拉的什么曲子呀？太难听了。"听了这些话，那个女孩子停止了演奏，低下了头，不知如何是好。）

师：（看着那些哄笑的孩子，亲切地说）你们笑什么？

生：（争先恐后）拉得不好，难听。

师：哦，那你们中间有没有会拉的？

师：不会拉也不要紧，上来试试吧！

（在老师的"盛情"邀请下，几个孩子上台了。他们拿着二胡，要么不知如何下手，一脸茫然；要么拉不出声音，干着急；有的拉出怪声音，弄得全班孩子哈哈大笑。）

师：大家有什么想说的吗？

生：我现在才知道二胡可真难呀！

生：（看着最初演奏的同学）我先前以为拉二胡是件很容易的事，现在看来，你比我们行！

（听了他的话，那个小女孩的眼睛亮了。）

生：坚持下去，你的二胡一定会拉得很棒的。

（听了他的鼓励，那个小女孩笑了。）

师：（面对最初演奏的小女孩）大家说得对，你今天拉得不错，相信经过一段时间的练习，你一定会拉得更好的。（面对全班同学）让我们为她的进步鼓掌！

（教室里响起热烈的掌声，那个小女孩在同学和老师的赞许声中，头抬得更高了。）

我在课堂上始终贯穿赏识教育，关注、赏识、肯定孩子的点滴进步，从跑步快了、字写得好了等细微处入手，挖掘孩子的闪光点，培养孩子的自信心，尤其是当孩子自信地拉二胡遭遇尴尬时，积极地创设了"试拉二胡"的情境，用我的赏识，保护了孩子的自信心，提升了孩子的自信心，那小女孩的表情由"低下了头"到"眼睛亮了"，到"笑了"，到最后的"头抬得更高了"。同时，也使许多孩子在实践中获得感悟，使他们欣赏自己的同时，也学会欣赏别人。课堂教学非常成功。

二、反思——有感于赏识教育

这堂品德与生活课，我最大的收获应该是一堂成功的课，背后蕴涵着的教师赏识教育的思维，是它引导着学生认识自我。发现着自我，培养了乐观、自信、积极的人生态度，引领着学生健康、快乐地成长。我觉得执教者可以在以下几方面对赏识教育进行有效的实践：

1. 源于对学生深深的师爱。教育是一种高尚的职业，要求我们教师不仅要有知识、有文化，还要有无限的耐心和爱心，还要有发展的眼光、有诲人不倦的情怀和能识千里马的慧眼等。而这一切都源自于教师对学生深深的爱。本堂课上，无论是我引导孩子认识自己的点滴进步，还是欣赏地关注孩子的一言一行，还是到最后课堂上孩子满脸自信的微笑，无一不是师爱作用的结果。它在孩子心中种植下希望、依赖、感激，桃李不言，下自成蹊。

2. 进行了心与心的交流。记得不久前台湾亲民党主席宋楚瑜先生访问大陆时曾这样说过，心灵相通，一通百通。联系我们的思品教学工作，又何尝不是这样呢！本堂课上，面对这一群天真烂漫的孩童，我放下了师道尊严，走进了孩子们的心中。真诚的交流，发自内心的喜悦，设身处地的换位思考，还有那赏识的目光和亲切的问答，使学生和我打成了一片，在心与心的互动中，我赏识着学生，学生享受着我的欣赏，课堂在和谐的氛围中培养着孩子的自信、不断地自信。

3. 对孩子的闪光点及时地捕捉、鼓励和鞭策。教师若能用敏锐的目光及时地捕捉学生身上的闪光点，用赏识性的话语给予学生以鼓励、表扬，那么就会使优秀生百尺竿头更进一步，一般生奋发进取，后进生后来居上。在《成长的足迹》这堂课上，我及时地发现、捕捉着孩子身上的闪光点，如学生说自己字写得好了的时候，我做出回答"我也注意到了你的变化了"，并及时地予以表扬鼓励，同时马上用言语或其他方式进行有效的巩固和鞭策，使学生产生积极的不断进取的动力。

三、探索——践行赏识教育

有人说，一次反思便是一次提高，我结合教育教学工作实际作了一些理性的思考，认为进行赏识教育，可以从以下几方面入手：

1. 赏识——读懂孩子

儿童是一本最宝贵的书。书里记载着人类所有的梦想，书里揭示了人世间的至真、至善、至美，书里跳动着生命的活力……儿童是小草，嫩绿而娇柔。她充盈着生命的灵动，特别是需要阳光、雨露的呵护。关爱儿童就是关爱人类的未来。霍懋征说："没有爱就没有教育。"丁有宽说："爱心是根。"

儿童是宝藏，有无限的生命潜能。打开儿童这本书，我们就会发现这些"小人物"有新思想，有作为，他们是人类的精灵。作为教育工作者，开发儿童就要用欣赏、肯定、期望去激活这些潜能，让这些潜能增值。

2. 赏识——贴近孩子

赏识孩子，就是要始终贴近孩子，努力去发现孩子的优点。分数低，你可以看到他的诚实；会打架，你可以看到他的勇敢；搞小动作，你可以看到他的精力旺盛。曾经获得诺贝尔奖的爱德森在小学时笨拙、呆板。有一次他竟然在川流不息的车流中站着不动，原来他正思考着一个简单的问题，他的父亲惊喜地看到能专注地想问题，认识到自己的孩子不是别人所嘲笑的那样："是个蠢猪"，于是满怀信心地指导孩子成长。魏书生也有这样的教育经历。有一次，有两个全校最差的学生进了魏书生的班。魏书生说，你们先做一件事，每人找出自己的优点。他们说自己没有优点。魏书生说，不可能。我都已替你找出两条了。后来有个学生红着脸说，老师，我学不好的，只考了8分。魏书生说，你一上课不听讲；二不写作业；三又不看书，还能得8分，这是天赋哪！自那以后，那名学生竟然来劲儿了。

3. 赏识——走进孩子

孩子心中有一个全新的世界，只要我们放下成人的"架子"，放下所谓的师道尊严，俯下身子走进去，你就会发现那儿是多么奇妙、有趣。最近听到一个幼儿园的故事：在幼儿园，老师为了给孩子认识金鱼，特地买了个鱼缸，养了几条活泼可爱的金鱼。可是下午老师回来后，竟发现金鱼摊倒在地上。老师生气极了，对着全班同学大声说："怎么会有这么不听话的孩子？究竟是谁干的？"小朋友面面相觑，一个小朋友走出来说："老师，是我。"老师正想狠狠地批评一下，小孩赶快说："老师，金鱼游了一整天，她累了，我想把她放到地上休息一下。"老师搂着这个孩子，庆幸自己没有把话说完。她当着同学们的面，表扬了孩子的善良。爱迪生被老师骂作劣等生，不就是因为他上课时质问老师为什么2+2等于4而不等于5？然而只有他的母亲对他说："孩子，学校把你当低能儿，无法教育，我要在家里教育你，无论如何我要你成为世界上第一等人物。"结果，她成功了！

四、赏识——在批评中留下你的鼓励和期待

就像一个班主任在学期结束时给一个调皮的孩子留下的评语：虽然常常有同学跑来向我告你的状，说你的坏话，可是在老师心目中你并不是个坏孩子。记得每次值日或者劳动，你总是那么积极认真，直至完成任务为止。可是你学习上就没有那份热情了，成绩并不理想。老师希望你上课与别的同学一样专心听讲，积极举手回答问题，按时完成作业，认真写好每一个字，准确完成每一道题，认真温习功课，争取好的成绩，做一个好学生。当孩子看到这样的评语，心里会是多么的感谢老师看重自己。

赏识教育的倡导者周弘说："你想让孩子聪明吗？那么找出孩子聪明的'星星之火'，吹风鼓气，它就会成'燎原之势'；你嫌孩子写的字不好吗？那么他哪天有进步，您就'小题大做'，无限夸大地表扬他，一定会有意想不到的效果！"身为教师，一定要确立这样的信念：没有不可造就的学生，对教育者而言，学生身上不是缺少美，而是缺少发现它的眼睛。只要我们能够真正理解孩子，尊重孩子，赏识孩子，那么，孩子一定会扬起自信的风帆，去迎接未来的挑战！

第三章 教育案例的撰写

■ 一、教育案例与其他教育文体的区别

在案例的撰写过程中,我们不难发现,少数教师将教育案例与其他教育文体混同,其主要原因是他们对案例的含义、特征及结构等把握不准而形成的。为了让大家辨析和区分教育案例与其他教育文体的异同,我们分别作以下介绍,使教育案例的概念在大家头脑中有更清楚的认识,从而更好地掌握撰写教育案例的方法。

1. **教育案例与论文的区别**

从文体看,论文是以说理为目的,以议论为主,可举不同的事例,但都是为了论证同一个观点,案例则以归纳总结规律为目的,以记叙为主,兼有议论和说明;从写作的思路看,论文是为理论找事例,是从抽象到具体的演绎思维过程,案例是通过事件找理论,是通过故事说明道理,是对已发生的教育过程的反映,是写在教育教学之后,是从具体到抽象的归纳思维过程。

2. **教育案例与教案、教学设计的区别**

教案和教学设计都是事先设想的教学思路,是对即将发生的教学活动的设计与说明,重在预测;而案例是对已经发生的教育事实的追述与思考,重在反思。

3. **教育案例与教学实录的区别**

教育实录是有闻必录,从一上课(或活动)到下课师生的语言、

动作、效果要尽可能详细地描述出来，是针对一节课（或活动）的全程记录，而案例是根据案例主题和案例问题有所选择地记录教育教学的一个或几个片断。案例事件的记述必须有人物的心理活动的描写，而课堂实录却没有这一规定。

4. **教育案例与教学后记的区别**

教学后记是教师在上完一节课后及时记下课堂上发生的事件或自己的感受，这只是教学事件，可作为案例写作的素材，但并不是每篇教学后记都值得作案例，还要加以选择。案例是围绕主题，经过选择和取舍，更系统的教学后记。

5. **教育案例与教学随笔和教学反思的区别**

教学随笔写作形式比较灵活，通常是作者一节课后（或活动）的有感而发，不像案例那样有规范的几部分要求，可以说是写教育故事的散文。教学反思一般是教师对自己的教学行为进行分析，提出自己的改进意见或自己的困难，目的是引起自己对问题的思考和教学行为的改进；而且案例的指向可以大到分析几节课，也可以小到分析一堂课或一节课中的一次活动，可以详细叙述事件发展的长期过程，也可以着重说明某个情境片断。

6. **教育案例与教育叙事的区别**

教育案例可以说是由教育叙事、案例分析和问题讨论三部分组成，教育叙事就是案例中的案例事件部分。案例中的一个案例事件可能包含有一个教育叙事，也可能包含有几个教育叙事。

7. **教育案例与教育叙事研究报告的区别**

第一，两者所包含的要素差异。案例一般有这几个要素：案例题目、主题背景、情景描述、问题研究、评析反思，而教育叙事研究报告只有三个要素：

(1) 有鲜明和引人入胜的问题。

(2) 有解决问题的技巧和方法。

(3) 有解决问题过程中或过程后的理性反思。

第二，在综合性方面的差异。教育叙事研究报告不像案例那样一定要有主题，只需要有问题即可。教育叙事研究报告通常只有一个典型教育事件。教育案例通常有反映与主题相关的不同问题、不同事件。目的是对同一个主题的几个小经验进行串联和整合。

第三，在内容结构方面的差异。教育叙事研究报告只需要有反思，而案例除有反思（即案例分析）外，还要有在反思基础上提炼出的"启示"。案例还要提供一批需要讨论的问题。

二、教育案例的结构

案例作为一种文体，有它自己的写作结构，只有优化案例的结构，才能增强案例的可读性和整体水平。教育案例必须基于真实的教育活动和课堂教学实践，要撰写一篇好的教育案例，在结构上必须有比较完整的设计。教育案例的基本结构要素一般包括以下几个部分：案例题目、主题背景、情景描述、问题探究、评析反思（如有需要著名参考文献、网络资源）。

从收集到的案例材料看，有些老师对案例的结构特征并不了解，具体表现为：写成教学设计，有的在一篇文章中包括了"教学内容、备课思路、教学目标、教学重点、教学方法、课前准备、教学过程"等部分；写成教学实录，把一堂课从头到尾详尽地记录下来，再写上作者的看法；重记录轻分析，在过程描述时用了很大的篇幅，分析却只有寥寥数语，看不出案例研究的问题；等等。我们在写作教育案例时，只有认真构建好它的结构，弄清各部分要素的核心，才能写出一篇成功的教育案例。为了帮助大家更好地理解案例的结构要素，现具体分析如下：

1. **案例题目**

案例题目是概括案例内容的词句。一个好的题目是一篇优秀教育案例的必备条件，它往往能反映作品内容的核心。题目要有艺术性、教育性、新颖性才能打动人，才能引起读者的兴趣。例如：一切皆有可能；美丽，并非只要发现；两点之间的直线并非最佳途径；乘着歌声的翅膀；一次意外、一分收获；简洁也是美；批评也要悦耳动听；等等。

2. 主题背景

所谓背景就是对人物、事件起作用的历史情境或现实环境。而主题指作品中所表现的中心思想，是作品内容的核心。每篇案例都应有鲜明的主题，它通常应关系到教育教学的核心理念、常见问题、困扰事件，或者发生在学生身上的典型事例，要富有时代意义，体现改革精神，因此对突出主题有帮助的历史情境或现实环境就是教育案例的主题背景。教育案例需要交代教育环境中的主题背景。主题背景的介绍并不需要面面俱到，重要的是说明教育事件的发生是否有什么特别的原因或条件，应是对研究对象基本情况的客观描述，也是为主题服务的。

如写一篇课堂教学案例，就有必要说明这堂课是在什么背景下上的，是一所重点学校还是普通学校，是有经验的优秀教师还是年轻的新教师，是经过准备的"公开课"还是平时的"常规课"，等等。

3. 情景描述

情景描述是案例的构成主体，是对原始材料进行筛选，有针对性地向读者交代特定的内容。情景要真实具体，有细节，特别是关键性的细节一定要交代清楚，不能从"预设目的"直接到"结果"，中间应当有从"预设目的"直接到"结果"的历程，让人明白结果从何而来。情景描述不仅要说明思路，描述过程，还要交代结果——某种教学措施的即时效果，包括学生的反应和教师的感受等。情景描述可以是一个或多个案例，反映纵向的变化或横向的比较，恰如其分地再现当时的情景。

4. 问题探究

一个高水平的案例必须有高水平的案例问题，这些问题不仅要能够阐述案例的主题，揭示案例中的各种困惑，更重要的是应该有启发性，能够激发案例使用者的反思和讨论。

问题探究多种多样，从性质来看，可以分为以下几类：开放性问题、诊断性问题、搜索性问题、挑战性问题、行动性问题、排序性问题、预测性问题、假设性问题、扩展性问题、普遍性问题；而从问题探究的内容上看，也可以像本书一样分为：教学内容问题、评价学生的思维、教学法问题、背景问题、扩展……

就教育案例而言，探究的问题可以从三个层面加以构建。

一是学科层面问题，这些问题的探究有助于教育案例的深入分析；

二是操作层面的问题，主要探究教育中的一些技巧问题；

三是理论层面问题，对实践中的操作策略进行理论分析。

问题探究可以促使教师更为深刻地认识到自己工作中的重点和难点。案例所引发的思考，往往是教师工作中难以化解的难题。教师自己在对教学经历的梳理过程中，头脑中印象深刻的常常是那些自己感到困惑不解的事实材料，写案例首先要考虑这个案例所要反映的问题，是说明如何转变后进生，还是强调怎样启发思维，或者是介绍如何组织小组讨论等，作者应该在案例中加以阐述。同一件事，可以引发不同的思考。

5. 评析反思

教育案例不仅要描述当时的情境，还要交代教育的结果与反思。反思也是自我反思，是一个层层反思与整体反思的过程。对于案例所反映的主题和内容，包括教育教学的指导思想、过程、结果以及利弊得失，作者要有一定的看法和分析。这种看法和分析如果是写作者本人提出的我们称为反思，如果是他人提出的我们则称作评析。评析是在记叙基础上的议论，可以进一步揭示事件的意义和价值。评析反思可以是就事论事，有感而发，也可以是理论阐述，诠释与研究，是案例写作者或研究者从理性的角度对之进行总结和反思，也可以提出建议供读者借鉴或参考。评析反思时要注意围绕主题突出重点，不要面面俱到，形式可灵活多样。可以综合评析反思、对比评析反思、专题评析反思等。例如同样一个后进生转化的事例，我们可以从教育学、心理学、社会学等不同的理论角度切入，揭示成功或失败的原因和科学的规律。总之，一篇案例中必须有评析反思，它能够揭示案例所要反映问题的本质，道破问题的要害，引起人的共鸣，给人以启发。

另外，在具体安排案例的结构时应该是灵活多样。除完整的结构形式："案例题目——主题背景——情景描述——问题探究——评析反思"外，常用的表现形式还有："背景——主题——细节——结果——评析""案例背景——案例描述——案例分析""案例过程——案例反思""案例——问题——分析""主题背景——情景描述——问题讨论——诠释研究"。

三、教育案例的选材

教育案例的选材范围是十分宽泛的，但就目前的许多教育案例来看，在选材上还是存在一定的误区，若不加挑选地将任何事件都作为案例，其意义也就十分有限了，成了一个纯粹事实的描述和罗列；若选择的事件极为罕见，案例的意义同样会变得缺乏普遍性。从内容上看，目前很多案例大多是有关课堂教学甚至只局限于一节课的研究，这说明老师们对教育情境的丰富性和复杂性认识还不够，还没能真正理解教育案例的内涵，这样也容易导致在撰写案例时选材范围过于狭窄。

（一）选材的范围

教育案例均来自日常教育教学的实践活动，十分贴近教师工作，与教师有着天然的联系。在教育教学过程中，教师都会碰到许多实际问题，于是自觉或不自觉地进行大量的研究和思考，由此就会积累很多经验与教训，这些便成为撰写教育案例的素材。这些典型事例让教师有事实可说，有道理可讲，由此可见，撰写教育案例的实质就是教师写自己的工作和生活故事。

其实教育案例的内涵是极其丰富的，这里所说的案例是要针对具体的教育问题发表有针对性的意见，既无需涉及很多的人和事，也不需要作高度的概括。我们可以从以下几个领域来进行研究：

1. 对活动的研究

这里指的不是仅仅只把活动过程描述出来再加上分析，而是应当研究组织开展活动的各项具体问题：如活动的主题设计、组织形式、资源开发、环境支持、学生的参与、教师的指导等。

[案例]

"你"傻瓜，我聪明

武汉市青山区吉林街小学　陈　伟

设计理念

摄影是摄影者利用相机反映社会现实生活，记录社会和自然现象的一种形象化手段，也是人们表达思想、情感的一种手段。每一幅摄影作品，都凝注了摄影者的生活理想、审美观点与对生活的爱憎评价，具有一定认识价值和审美价值。所以摄影实践活动为少年儿童的成长创造了一个充分发展其个性、有效发掘其潜能的良好条件，它不仅能丰富学生的知识，增长技艺才能，还会激起学生的浑厚兴趣，满怀激情地去摄下一幅幅精彩的画面，成为学生时代最忠实、最生动的记录者，大大丰富美好的校园生活，并使学生在创作过程中感受美、捕捉美、创造美，陶冶情操。

本活动以培养知觉感性为主要教育理念，并且强调艺术的实际创作，认为艺术教育主要的精神在于让学生获得心智发展，使得学生从艺术过程中，将媒材转变成为象征化意义。从个人、社会环境、媒材象征意义的三者互动关系中，获得心智发展的机会。这样的互动关系，是创造性艺术经验的基本内涵，经由学生将媒材赋予结构意义与表现特质，让学生整理出自我与世界的关系。摄影的艺术创作过程是一个结合了知觉、情意、知性的心智过程。

案例描述

片断一：

小朋友：假期里你有什么安排？你要做些什么事呢？陈老师在这里提供你一些好点子，"用傻瓜相机来拍照，让摄影替你自己说话"。因为，你只要对准目标，按下快门，就能完成一切摄影动作。

你有拍照的经验吗？你都拍些什么题材？如果家里没有傻瓜相机的小朋友，到附近商店随时可以买到简易相机，一台约一百多元。虽然生活周遭俯拾皆是题材，我们先把宠物当成模特儿，拍一卷写真集。你喜欢的宠物是什么？小猫？小狗？小鸟？……既然是宠物，经常在一起，一定有机会可以常常观察它，随时准备相机，记录它的细微动作，就能拍出好作品。

老师准备了几张小朋友的作品当例子来谈一谈吧！梦琦小朋友的猫儿"咪咪"爱玩，可是又怕水，有一天它爬上洗脸槽看着流水狐疑的眼神，机不可失，就捉住了这么生动的画面。晓堃的宠物是一只可爱的小鸟，有一次它站在黑色的椅子边，晓堃赶快躺在地板上，由下往上照，桌子和小鸟的影子映在天花板上，黑白排列顺序，形成对比色彩。贤喆看着鱼儿在水里悠闲地游着，忍不住拿了相机把它们的样子拍下来，没想到鱼儿们反而被闪光灯吓得乱窜，玻璃的反光和眼珠却显得特别白。

傻瓜相机体积小，携带方便，容易操作。只有几项需要注意的，不要面对阳光直照，顺着光线拍，成功的几率高；采用斜侧的光线比较容易表现宠物的立体感。傻瓜相机的闪光灯直接装在机身上，几乎都很小，补光能力有限，在阴暗的地方超过五公尺不要拍，当然也不要近于一公尺,这样就无法清楚地捕捉宠物的生动表情。小小的相机也可以拍出很棒的佳作,就看你怎么去活用它。

片断二:

小朋友:这次我们来谈谈"用傻瓜相机拍人物"。在你们曾经有过的经验里,不管是个人照、合照、纪念照、旅游照等,是不是都以人物为主?人物应是拍照者最常面对的题材,怎么用傻瓜相机把各种人物,拍得清晰漂亮、生动传神,也不简单。要拍半身?全身?或者只是一张脸?老师建议你从最简单,较容易成功的半身照开始,因为你先不用考虑被拍者双脚的姿势怎么摆。

玄戈小朋友就把同学"叶昕"侧面的样子照下来。注意!拍半身照,最好的构图是【横式】。拍摄时,抓稳傻瓜相机,焦点对准你要拍人物的脸部,按下快门,错不了。当你想拍出小弟弟或小妹妹童稚可爱的神情时,不要让他们意识到相机的存在,平常在他们说话、嬉戏或专注于某件事情时,都是很好的拍摄时间,他们自然、无意识的表情动作,都将是最宝贵的回忆。表情比姿势还重要,被拍对象的表情生动与否、自然与否,决定了一张照片的成功与失败。如果你要拍全身人像照,老师建议你采取【直式】构图,比较容易表现身体的姿态感。译文小朋友在他房间,用自拍的方式拍自己。有些傻瓜相机,有自拍的功能,你可以自己当模特儿。拍全身的人物,除了站着拍,也可以蹲下去拍,如果你蹲着拍甚至趴下去拍,可以让你所拍出的人物,显得更高大、修长。

从现在起,随时记得准备好相机,你的父母、兄弟姊妹、亲戚、朋友都是你拍摄人物照的最佳对象,可别忘记善用这些宝贵的资源哟!

片断三:

小朋友:照了"宠物"系列与"人物"系列后,看着冲洗出来的照片,有没有挑出一些满意的作品?你也可以请你的爸爸、妈妈看看,听听他们的感想和意见,当然也不要看到拍坏了的作品就心灰意冷,应该追究原因，再接再厉，相信越拍越有心得。这些照片都是学习过程的心血结晶，可以一本一本地收集，甚至在每张照片旁，标上摄影日期、主题，或用幽默感性的字句，写上你当时拍照的动机、心情等，都是很好的纪录。

这一次让我们来追逐光线与影子吧！晴天的光线，光亮特别充足，最适合捕捉光影。韩戟说："当时阳光把椅子的影子映在地上，非常清晰，便拍了下来。"你们看！椅子的白与影子的黑，地上的白与旁边树影的黑，好像在对话一样，简单的主题，却有这么棒的效果！泽玮正准备上车，看到后视镜里的风景，觉得很有意思，快！快！随身携带的相机"咔嚓一下！"小小的镜子，也可以观察到大世界。

每天不经意地从窗户看出去的景色，随着光线时时刻刻都在变化，只要有一点点的感觉，先按下快门再说，你会惊奇地发现，好多事物都值得拍摄下来呢！

反思启示

"艺术生活化，生活艺术化"。固然专业技法的美术教育，可能适合特定的学生，但是已无法满足现在教学层次的需求，也不等于美的教育。如何多元化教学，提升每个学生的欣赏能力外，培养观察、感性、知性、从美学角度观看世界的能力，这是最看重的，这也是我们艺术与人文教育的主要精神。中高年级已经是进入写实化时期，有些孩子眼高手低，往往不知如何处理三度空间，他们不满意自己的作品，甚至开始放弃艺术。摄影以观察为主的想象活动，机械取代手工，正好解决了他们这年纪视觉表现能力的不足。

在这个教学活动中看到了学生显示出惊人的创造力：

1. 自主创作统合美学、艺术批评

每张影像的撷取，当然完全是学生自主探索、创作主导。老师把学生的作品展示，引导小朋友或互相访问说出当时拍的动机、心情、美感经验及同学们之间互相欣赏美感与评论的做法已经统合美学、艺术批评在创作教学的课程里。罗贤哲同学说："我和妈妈去参加古迹导览时，从背光的石头缝中，看到向光的房子和阴暗的窗户，产生的对比，很有趣！就拍下来了。"

2. 创意的思考

小学生用傻瓜相机尝试摄影，发现它其实和其他的艺术一样，可以用来自我表达，甚至摄影更容易发挥他们这个年纪的想象能力，他们也就更容易从摄影活动中获得自我成就的满足。如王丝语同学说："我在园子里闲逛，当日的阳光很强烈，我不想拍盆景本身，反而是它倒映在地上的影子更吸引我，好像国画一样美。"

3. 自我与环境的联结，触动了心智的成长

提供了学生了解关于自我与外界的关系。这个创作过程，是一个结合了知觉、情意、知性的心智过程。如韩戟同学在暴雨刚过后，拿着相机到马路上寻找题材，发现下水道被河水暴涨的垃圾填得满满的。他说："我用下水道的斜面角度来拍摄堆满的垃圾，再把天空、房子做背景，用最好的视点拍下来，显示我们都市垃圾的恐怖！我按下快门，拍下来这张以垃圾为主题的照片，拜托大家不要再随便丢垃圾啦，这是咱们的生活环境呀！"

4. 摄影融入艺术的创作

从认识摄影的生活性、时代性、艺术性体验生活环境及传播媒体无所不在的影像，增加对影像、视觉环境的解读感受能力。宋莹菲同学说："当天阳光强烈照映在阳台的盆景上，叶子显露层次的色彩，我请家人从旁浇水，捕捉了这么有诗意的画面。"谭思睿同学说："我的弟弟天真活泼又可爱，喜欢一边洗澡，一边玩耍，我趁他不注意的时候，拍下了他的写真，这样可以抓住最自然的表情和姿态。"

在教学中多鼓励学生，引导脑力激荡发问分享，让学生说出好的地方，即便是有建议，也是借由反思的方式，譬如说："如果再一次机会，你希望怎么拍？"等语气来提醒学生，不用负面的语气批判，才能增强兴趣与学习动力。

同时老师应该随时做记录，发现问题，随即调整，保持弹性教学。还有，具备热忱与动力是课程成功的不二法门。

2. 对事件的研究

教育领域中发生的每件事都可以说是一个情境，教师可以选择具有讨论价值的事件进行研究，如对后进生的一次辅导，跟学生一次成功的交流，课堂中一次偶发事件的处理等。

[案例]

真　诚

——沟通心灵的桥梁

武汉市青山区建九路小学　刘　晶

一颗孤独的心需要爱的甘泉滋润。

一颗冰冷的心需要友谊的温暖。

一颗绝望的心需要力量抚慰。

一颗苍白的心需要真诚的帮助。

一颗充满戒备关闭的心，是多么需要真诚这把钥匙去打开。

有人说："孩子和老师之间有一条沟，他们是管理和被管理者的关系，他们是指挥和被指挥的关系，他们是高与低的关系。"是的，有的老师高高在上，"教导"着他的每一个孩子，他和孩子之间永远有一道不可逾越的鸿沟。教师和学生心灵之间真的有一道沟吗？它真的不可逾越吗？回答是NO，即使教师和孩子之间有一道沟，但一道沟壑、一道河流，只要架设起一座桥梁从此岸到彼岸就能将两岸融为一体；教师和学生的心灵呼应和沟通，同样需要筑起一座心灵的桥梁，而真诚便可以构筑起这一神奇的桥梁。

一、真诚对待学生，给他们无私的爱

高尔基曾经说过："谁爱孩子，孩子就爱谁。只有爱孩子的人，他才可以教育孩子。"爱，是通往教育成功的桥梁，也是一条基本的教育原则。人们常把师爱比喻为母爱。母爱是伟大的，但师爱要高于母爱，它意味着教师不能以狭隘的个人私情或好恶去对待学生，也不能专门针对少数同学的爱，而是"爱满桃李"的爱。

你们听说过学生要求校长给老师加工资的事吗？我就遇到过这样的事。一天，校长来到办公室，对我说："我现在终于搞明白了，你们班为什么统考人均分高出其他班级一大截，全部学生都过了90分，没一个学生掉队的。原来还以为你们班的学生比其他班的学生好一些，现在看来并不是这回事。"这是怎么回事？我一头雾水，听了校长的解释我才知道，原来他收到了一封信，学生要求学校给我涨工资，说我太辛苦了。的确，我班有一些孩子情况很特殊，岳鹏从小没有父亲跟着母亲，而他的妈妈成天只顾着自己玩从来不管他，所以从小他不爱学习，和外面的孩子一起混，游手好闲，谁的话都不听；景瑞是一个出生在环境比较优越家庭中的孩子，从小娇生惯养，做事"无法无天"，不学习、专门欺负人；还有如梦等几个学习成绩不好又不合群的孩子。他们在班上从来都是不受欢迎的，同学们和任课老师都"讨厌"他们，家长也不愿管了，大家好像要"放弃"他们。刚接这个班，这群"老大难"的确让我头痛。后来，每天中午当别人休息时我都陪在他们身边，和他们一起吃饭、聊天，为他们补课，不厌其烦地一遍又一遍讲解数学题，一天一天，他们由抵触变成喜爱，原来会偷偷地逃跑，到后来自愿留下来；由不想学习变成要求学习。同时，我也用休息时间为学有余力的学生陪优，鼓励他们为景瑞这些孩子讲题，达到双向提高同时大家的感情也加深了。学生不管是生活上还是学习上遇到了什么困难都愿意同我讲。这样，虽然我很累，每天都是最后一个离开学校，但是看到孩子们都进步了，心里也觉得值得。但我万万没有想到，原本只想默默地付出，带好每一个孩子而这些都被孩子们看在眼里，记在心里。在我惊异的同时我为我有这样爱我的学生感到自豪，虽然我付出很多，但是我赢得了他们的爱。

教师的爱是学生尊敬老师的前提。因此，爱生尊师应该首先要求教师热爱自己的学生，才可以要求学生尊敬自己。也只有这样，学生才可能真正发自内心地尊敬老师，接受老师的教诲。作为真诚的教育，用心灵赢得心灵，不只是教育的条件，更是教育的本身。当我们自然而然地走进学生的心灵，而他们也乐于主动向我们敞开心扉时，我们的教育之舟便已驶入了成功的港湾。

二、真诚对待家长，共同促进学生成长

作为一位班主任，我深深懂得与家长打交道不是一件易事，要真正让家长信任你，非常放心把自己的孩子交给你教育，必须要付出许许多多。那如何才能获得家长们的信任呢，只要用一颗真诚的心，架设起一座沟通心灵的桥梁，一定会取得家长的信任。

我的学生大多来自旁边的农村，父母大多数是菜农。一次开家长会，语文老师要求家长给孩子买一本资料，有的家长就问：老师，菜场里面有卖的没有？很多学生家长为了生活，长年在外奔波，对孩子的要求就很低了，有时候就把学校当成了托儿所，有的甚至从来不和老师沟通，家长会都没来。

虽然我理解他们生活的艰辛，但我更懂得知识改变命运。怎么办？学生的每天作业不是要家长检查签字吗？我开始每天简单地把孩子的表现写在作业本上，"今天他回答对了两个问题"，"今天劳动时最积极，谢谢你们把孩子教育得这么好"……刚开始学生家长没理睬，但是一个星期后，有的家长开始写回话了，"看到儿子的进步，我感谢学校，感谢老师"，"我过几天到学校和你详谈"……越来越多的家长和我交流，越来越多的家长开始关注学生的成长，我们一起探讨如何培养孩子，孩子的未来……

有一句名言说得好，"用微笑拥抱孩子，用真诚对待家长，用心投身于这个事业"。因此只要在老师和家长之间用真诚架设起一座沟通的心灵桥，相信许多家长都会非常理解老师的工作，对老师辛勤的付出表示感谢，从而积极支持老师的工作，齐心协力把祖国的花朵培育好。

三、用真诚开启心灵，与学生心灵相融

教育工作的实践证明：每个学生在思想、观点、情感等方面都有一个独特的内心世界。他们的心扉总是对大多数人关闭，只是对少数挚友开放。而教师要实施教育，恰恰需要了解、熟悉学生的这个精神世界，走进学生心灵之门。因此，努力成为学生的挚友十分重要。面对学生对成年人封闭起来的这扇大门，我们教师如何用独特的方式去开启它。

杰，是我们班最小的一个孩子。在老师面前，他是一个非常内向的孩子：上课从来不举手发言，别的小朋友都大声地读着口算，他的嘴巴一动也不动。但当老师不在的时候，声音喊得最响的，也是他，真是让我意想不到。下课时，我多次找他谈话，也只能把耳朵靠在他的嘴巴边上才能勉强听见他的回答。所以学习上，与其他的小朋友就存在一定的差距。

今天下午，我找他来订正作业。正好学校发橘子，我就顺口对他说："你快点订正噢，表现好的话，刘老师就奖给你一个大橘子，好吗？"他还是没说话，只是点了点头，但我看得出，他很高兴的样子。当我把橘子拿到办公室的时候，他已经把作业全部订正好了。于是，我就从尼龙袋里拿出了一个大橘子，对他说："给，这是刘老师奖给你的大橘子，你可不能告诉别的小朋友噢，这是我们两个人的秘密，拿回家去吃，好吗？"他竟然响亮地回答："好的。"我把橘子塞进他的口袋里，然后又说："不过，刘老师还有一个要求，希望老师不在的时候，你能轻轻地说话，行吗？"他使劲儿地点了点头。

真是奇怪，从那以后，在课堂上他也愿意举手回答问题了，而且也不大喊大叫了，老师布置的回家作业，他也能认真地完成，学习进步多了。看到他的变化，我心里很开心！一次他还偷偷地递给我一张小纸条："刘老师，我会好好学习的，我一定会成为一名三好学生，请相信我。"

每天与我在一起的是一群活泼可爱的孩子。我爱他们，因为他们给了我极大的欢愉和力量。我感到自己的生活越来越充实,精神上越来越"富有"。虽然有时我也会因为学生的调皮而埋怨,因为他们的顶撞而生气,因为他们的退步而急躁,因为他们违纪而失态。但我心灵深处,强烈地意识到:我是教师,我要为我那些寻找梦境的孩子们引路,我要帮助他们描绘出一幅更美的未来蓝图。以真诚去拥抱每一位学生,架起沟通心灵的桥梁!

用心去爱学生吧!你会觉得他们个个都可爱。以真诚去拥抱每一位学生,你更觉得教师职业的崇高。

3. **对现象的研究**

在教育过程中,有许多普遍存在的现象都会引起我们的思考:如"合作学习"形式化,课堂"活"了却"乱"了,独生子女缺乏爱心……这些现象背后都隐藏着令人深思的教育问题,如能对这些现象及问题进行认真研究,其案例就会具有很高的价值了。

[案例]

在坚忍和自助中成长

湖北省孝感市玉泉小学　唐晓红

"老师,抱抱我!"我伸出双臂把钱青搂在怀里,激动得泪流满面。望着远处一片迷蒙的天空,我仿佛看到了暴雨中,我踮着高跟鞋拼命追钱青的情景。风雨无情地淋湿了我的头发,脸颊上不仅仅只有雨水,咸涩的泪水中,有抱怨,有气恼,更有愤怒。"太不听话了,在家跟妈妈吵架,竟然不回家,到处乱跑,跑丢了怎么办?谁负责?"

终于把钱青逼到了瑞地宾馆旁边的地税局宿舍院里,守在院门口,向好心人借了五毛钱给钱青妈妈打了一个电话。想想都辛酸,事发突然,只顾着追,什么都没带。雨水从头发上淅淅沥沥地落下来,也顾不上去擦,恼都来不及呢!终于盼来了钱青妈妈,开头的一句话比雨水还冷:"又在学校怎么了?"我无法应答。让她爸爸守门，我和她妈妈在院子里穿梭，四处寻找。终于在大楼底层的廊檐下找到了躲在角落里瑟瑟发抖的钱青。她妈妈钻了进去，钱青往里躲，边多边说："我不要你！我不要你！你是个坏妈妈！你是个坏女人！"声嘶力竭中饱含了恐惧。我钻了进去，千哄万骗地把钱青哄了出来。站在车棚里，我们望着钱青，一声也不吭。狂暴后的沉默令人窒息，空气似乎凝结！

"钱青，为什么不回家？"我不得不打破这尴尬的局面，我浑身上下湿透了，冷着呢！

"她不是我妈妈，她是虐待狂！她打我，骂我，骂恶毒的话，她不是我妈妈！我再也不回家了！"钱青又变得狂躁了，像一头发怒的小狮子！

她妈妈沉默！冷冷的眸子里，有压抑的怒火！

我马上明白了事情的经过：一个经历坎坷的女人（一次失败的婚姻，再婚的不和谐），一个过于严厉的母亲；一个头脑聪明、渴望自由的女儿，一个由于复杂的家庭背景变得敏感而向往幸福生活的生命，不和谐导致了一切争吵！

而我，无能为力！我不能抹去她妈妈心头的阴影，控制不了她抑郁的情绪，当然无法解决一切！暂时能解决的只是哄钱青回家，因为她妈妈的性格，是决不容忍孩子忤逆自己的！

哄来哄去，我给了她一切保证与信赖，她妈妈也在我的劝说下收敛了固执。事情解决了，孩子终于回家了！回家后，面临的是什么，我不得而知。这以后的临近毕业的一个多月的时间里，我没有给她过多的不必要的关注，因为她过于敏感，我自然地和她相处，不留一点痕迹地默默注视着她。有时，给她布置一些出黑板报之类的任务，我知道，她一定很乐意，因为她的美感很敏锐。还好，一个多月里，钱青的情绪平静了许多。在毕业考试的作文里写道：校园，给了我一切美好的回忆！我的老师，我的同学，我的生命，我成长的足迹！看到这样的语句，我的心头不禁一颤，我仿佛听到了一个生命在苦难中成长的发自心灵深处的声音!

她毕业了,我终于可以喘口气了。不经意时,会想起她,想起她的倔强,想起她的聪慧,想起她狂躁的恐怖。有时,会深深的焦虑,她还好吗?

两年过去了,偶尔会有老师告诉我,钱青到学校来过,说很想你;偶尔会有学生告诉我:钱青说,她很想你。我微微一笑,哎,还是那脾气!

2004年11月的一个星期天下午,她出现在我教室的门口,啊!长高了许多,比我还高,成了个大姑娘了!她跟我说了许多,最让我欣慰的是她这次在航天中学期中检测中,名列第一。她还在学油画,想上中央美院呢!她的变化让我惊喜!她说,"在夜深人静的时候,我会想到我们六(2)班,我想我们的老师,同学……"她的话,让我有些泪光盈盈了!而她临走时的"抱抱我"的请求,更是让我激动万分。

又有几年过去了,在这期间,我开始担任其他班的班主任,认识了不少学生。社会的繁杂,家庭的影响,学生对社会生活的感受不同而显现出各自不同的性格。这对于强调进行集体教学的六十多名学生的班集体来说,管理上是一个难题。每当我遇到令人头疼的学生,他们张牙舞爪、不顾一切地显示自我的时候,我总会想起钱青!如果当初没有一丝理解与宽容,如果当初强制性地利用师长的威严逼迫孩子去做大人认为对的事,结果会这样令人欣慰吗?

是啊,一个生命,在成长的过程中,总会有很多坎坷!也许,总有我们老师的关注;也许,总有我们家长的呵护,但是总有一些角落,总有一些生命的体验,是我们关注不到的。

为什么我们的教育不能留给孩子一些时间和空间呢?春水东流,果子成熟,总有其自身发展的规律,教育并不是万能的,为什么我们总要违背一些规律而强求呢?这不就是等同于揠苗助长吗?

教育,作为一项社会工作,总有些无奈,总有些身不由己。但是，我想说，给孩子们成长的空间吧！原谅她们成长中的挫折与失误，让他们在隐忍与自助中替自己疗伤，在自强自助中茁壮成长，体验生存，体悟生命！

4. 对个人的研究

在工作中常常会有些人引起我们特别的关注，这些人可能是后进生或优等生，可能是极具个性的学生，也可能是具有独特教学风格或具有高超育人艺术的教师。通过对这些人的研究，我们就可以从中发现、积累和借鉴许多宝贵的教育教学经验。

[案例]

探索学生的心灵

湖南省岳阳市第九中学　邱　涛

当代的中学生，由于多方面因素的影响，不同程度地存在着一些心理健康方面的问题，并且会通过各种不同的方式表现出来。老师如果仅仅只采取简单的方法去处理对待学生的心理问题，往往是难以收到良好的效果的。俗话说得好，"心病还须心药医"。如果我们能深入到学生的心灵世界中去，用"心药"去医治的话，效果一定不错。以下是我较成功的几个案例及反思。

案例一：——你很有个性，要表扬！

有一天上午七年级(16)班一堂体育课，按照常规，体育委员整队完毕向我报告人数，这时我发现队伍中有一位同学在和身边的同学讲话，当时我并没有提出来，当我站在全班队伍前面开始讲话的时候，又发现这位同学和另外一个同学讲小话。天气很炎热，终于我按捺不住自己，大声地对那位同学说："陈烨同学，请你不要和别的同学讲话，再讲话就请你站出来！"这时，空气似乎凝固了，也许同学们被我的大声训斥吓住了，队伍中没有一个同学讲话，很安静。正当我为自己的"威严"洋洋得意的时候，事情发生了。"老师，我没有找他讲话，是他找我讲话的！"说完后，陈烨风一般跑出了队伍，坐在离队伍100多米远的草地上，我和同学们被他这一突然的举动惊呆了，不过很快我冷静地对同学们说："没事，陈烨过几分钟就会回来的。"然后我继续上课。但是出乎我意料的是下课铃响了，陈烨居然还坐在草地上，这让我多少有些吃惊和不安。

下午放学后，我把陈烨喊到办公室找他谈心。我主动帮他倒了杯热茶，对他说："陈烨，你非常有个性，今天我要表扬你。现在你可以回家了！"一听到老师夸奖他有个性，陈烨的神情马上变得兴奋起来，高兴地回了家。

第二天中午放学后，我又把陈烨请到办公室里，再次表扬他有个性，他的心里乐滋滋的。过了一会儿，我说："一个人有个性，当然不是坏事，但是他的个性不能影响别人，你想一想，你昨天的有个性对别人会有什么不好的影响呢？"他仔细地思考后说出了几点：一是行为不对，不应该那样冲动；二是对老师不尊重，影响了老师上课；三是自己不应该说谎话，诬告其他的同学，影响了同学间的团结和友谊。最后，他保证说今后再也不会这样了。

点评：

这件事当时在班上起了不小的风波，说什么的都有，很多同学都有不同的看法。一位同学的日记这样写道："方柯（17班学生）说：'你们邱老师真好，陈烨上课那样子还表扬他有个性，要是换了我，早就被老师骂死了。'"

为什么要采取表扬的方式呢？我是这样反思的，首先因为表扬能立竿见影，不然，若是一顿批评，恐怕他不会接受，那就不好办了。其次，表扬能让他兴奋起来，从而配合老师认识到这种行为的危害，不然，如果马上就公然批评他，会让他心里产生抵制情绪，这样对他良好习惯的形成是非常不利的。从这里可以说明一点，欲批评先表扬，不失为解除问题的一个好办法。

案例二：——胖就没有优点吗？

我的班上有一位胖子学生，七年级就一百来斤的体重，走起路来肥肉颤动，每次跑步总是惹得其他同学笑，有些同学总是拿他开心。因此他不喜欢上体育课，特别是进行分组接力赛的时候，更是被几个小组拒之门外，这使他心里很难受，总觉得胖是一个沉重负担，并且久而久之产生了自卑心理。

为了让他能正确认识自我，我特意在上体育课时安排了一次拔河比赛。我指定他当"龙尾"负责掌舵，并且让他分别到两个组"任职"，这时奇迹出现了，他所到的组每次都会获胜，在后来的自选队员分组比赛中，他竟成为"明星"备受同学欢迎。从那以后，同学们都不再嘲笑他了，而他也不怕上体育课了，在我的指导下，他坚持锻炼身体，体重也开始慢慢下降了。

点评：

每个人都会有自己的优势与劣势，如果只看到劣势而看不到优势，那肯定会产生自卑心理，从而影响自己的学习、生活的。所以，我会根据每一个同学的特点，充分展示他们的长处，激发他们的自信心，从而使他健康快乐地成长。

案例三：——跑"13秒6"，连她自己都不信。

唐月莹是15班的一个女同学，平时不喜欢上体育课，再加上身体素质差，个子矮小，又体弱多病，所以体育成绩一直是班上最差的。在我宣布要进行100米跑测试的第二天，我问她有没有信心及格，她只是摇头。

前两次适应性训练测100米时，她的成绩都是16秒多，离及格成绩还差很远。我又找到她，问她感觉如何，她还是摇摇头。我对她说："当你跑100米的时候，你只要想自己是在跑50米就没问题了。"她不太理解我的这句话。之后我又教她正确的跑姿、注意的地方，并且教她跑的辅助性练习。100米测试结束了，当我宣布唐月莹成绩为"13秒6"，同学们都发了惊叹的声音，连她自己都问："邱老师，你是不是搞错了！""没有，成绩非常准确，就是13秒6"，我大声地对她说。下课后，我找到她，并问"在此之前你相信会跑出这样的成绩吗?"她说:"不相信。"我鼓励她说:"其实你完全可以达到及格的水平,今天不是已经实现了吗?关键是你平时缺乏自信心,你总觉得自己不行,从此以后希望你记住要自信就会成功,老师相信你一定会更加进步的!"从此,她完全变了一个样,上体育课的积极性特别高,体育成绩也稳步上升。

点评:

成功源于自信。一个人如果连自己都不相信,那成功的机会肯定很渺茫,因为他根本难以鼓起勇气去进取。在这个案例中,我认为对于一个缺乏自信心的同学而言,除了选择她的优势予以展示外,还要积极创造条件,让她体会到成功的乐趣,从而激发她的自信心。

(二)选材的方法

收集教育案例的素材,要做到视野开阔、留心细节,对于具体的教育现象及其反应,要注意观察,注意倾听,注意思考。更重要的是要坚持记录、突出重点。记录时,要写出有关人员的特点,包括语言、行为、效果和相互关系等,不必过于计较写作的技巧,这可以在记录结束后再认真地思考,规范地整理。

具体而言,收集素材有以下几种方法:

1. 时空联想法:就是围绕案例暗示或明示的时间和空间范围去收集相关材料。

2. 性格联想法:就是围绕案例的中心人物的特性去收集相关材料。

3. 事景联想法:就是围绕案例所叙述的事件或情境去收集相关材料。

(三)选材的步骤

1. 收集素材

因为教育案例的类别很多,因此我们在收集素材前,必须首先弄清自己撰写的案例类别,然后做到有目的地收集。那么,可以通过哪些渠道收集材料呢?

一是可以在教育实践中实地收集,以便获取真实的信息。这些案例素材,可以是自己亲身经历的,也可能是别人经历过的。比如,可以从自己的课堂教学和教育研究的实践中获得;可以从听课、说课、评课的记录、观察和思考的过程中获得;还可以从教师交往言谈的某些内容中,学生学习成功与失败的经验中获得。

二是可以在教育资源中直接收集,以便获取广泛的信息。这些案例素材既可以从磁带、电视、光盘的课堂教学和经验介绍的录音录像中收集,也可以在教育类的报纸杂志中查找。

另外,在收集材料的过程中,为了保证材料能对自身发展、专业成长和深入理解起到最大的促进作用,还可试着针对准备选择的材料对自己进行质疑,如它对我产生过情感上的冲击吗?它是否呈现了我难以解决的困境?它使我难以作出抉择吗?我是否对自己的问题的解决方式感到不满意?它是否具有道德上或伦理上的启示?力求通过多种途径和方式,把好材料选择的第一关。

由此可见,教育领域是撰写教育案例取之不尽、用之不竭的素材之源,只要自己用心发现,用心选择,就可成功。

2. 选择素材

为了保证案例的质量,在收集了大量的素材后,还必须对这些素材进行筛选。那选择的素材要达到哪些要求呢?

(1)客观性

案例是写实的,客观性是案例的首要条件。因此,我们在选择素材的时候,首先要通过对原始材料的分析和比较来对材料进行筛选,然后再确定真实可靠的内容作为写作案例的素材。

(2)问题性

没有问题的事件不能称为案例。作为教育案例的事件必须包含一个或多个疑难问题,这些问题常常与教学改革的核心理念、实际教育活动和教育管理活动中常见的疑难问题以及容易引起困惑的事件相关。美国伊利诺伊大学曾在"教师教育专业知识的伊利诺伊计划"中将教师所面临的问题分为 10 个类别：社会和职业地位、学生的学习动机、家长和学校的关系、管理者和管理、非教学职责、时间调整、学生纪律、标准化测验或其他形式的测验、适应少数学生的学习需要、用于开发教材及教学计划的经费和教师工资。诸如此类的各种问题其实都是可以作为案例的素材。

(3)典型性

如果所选取的材料仅是客观的、真实的，但不具有一定的代表性，同样不能真正反映事物的本质。因此，我们选择的材料必须要能反映事件发生的特定教育背景，能隐含普遍存在的、大家关注的问题，要能体现问题的深刻性，要有实用的价值。

为此，在选择材料时，应该通过分析、比较选取那些最具有代表性的典型材料，摒弃那些一般性的材料，并对被选取的材料进行再综合再加工，滤除材料中的那些偶然性的、表面的、片面的、枝节性的成分，使材料更精粹，更典型，更能反映事物的本质和规律。

(4)实效性

所谓实效性是指案例本身具有一定的现实意义、应用价值和理论研究价值，它充分体现在教育教学的思想、方法、手段和原理上。选择的材料必须要能够引起人们的思考，能够供人们借鉴，便于人们操作，从而促使人们领悟出教育教学原理的闪光点。

(5)创造性

教育案例要有新意，能够让教师看出故事揭示的某些本质规律，能够开拓读者和研究者的新思路，启发他们进行创造性的思维。只有这样才能使教育研究向更高、更深、更新的领域发展。

3. 提炼素材

在从广泛的素材资源中选择了有效的内容后，还需要针对某个现象或某种情况，进行反复、深入的研究，明确要解决的问题是什么，从而提炼出重要的、鲜明的、深刻的、有指导意义的素材。对于素材的提炼，有以下几点要求。

（1）要有新意

提炼素材必须要有创新精神，确定素材的角度要新颖，确定的素材往往是既在意料之外，又在情理之中。

（2）要与时俱进

材料要有利于解决当前教育教学中急需解决的难点、热点问题，要符合素质教育、创新教育的精神，要适合课程改革的需要。

（3）要符合教育规律

材料要具有一定的教育理论水平，要符合教育学、心理学、教学论的基本原则。

（4）要具有指导意义

选择的材料要能引起大家对课堂教学中某些带倾向性的问题的关注，并能促使这些问题得到解决，不能局限于个别情境或特殊问题。选择的案例可以是一件小事，但要能以小见大。

四、教育案例撰写的方法

案例通过直接地、形象地反映教育教学的具体过程，具有很强的可读性、操作性和借鉴性，非常适合有丰富实践经验的一线教师来撰写。撰写案例一般有以下基本步骤：

1. 了解教学背景；

2. 观察教学过程；

3. 课后访谈调查；

4. 资料整理分析；

5. 整理撰写初稿。

案例的写作方法分为两种：一是写自己亲自经历的案例；二是

采访编辑案例。

采访编辑案例是到实地采访、观察、收集一些事实、公开发表的资料和数据后写作而成，为了保护个人隐私，则可以将被采访者的名字和数据进行掩饰性处理。这一节将分别从案例的基本结构要素来谈案例的写作方法。

（一）背景的写法

写作前应了解案例背景（教育环境、师生背景、内容、教学设计、教学的目标等）。采访编辑他人案例还需进行教师和学生以及相关人员的事后调查、深度访谈、表现评估、作业分析、资料（基本特点、主要问题、影响因素）的定性分析（主）、定量分析（次）等。然后根据需要向读者交代故事发生的背景情况，如：时间、地点、人物、事情的起因等。背景介绍并不需要面面俱到，重要的是说明故事的发生是否有什么特别的原因或条件。应是对研究对象基本情况和背景的客观描述。

（二）题目的拟订

每个案例都应提炼出一个鲜明的主题，它通常关系到教育的核心理念、常见问题、困扰事件，要富有时代性，体现改革精神。教师撰写的每一个教育案例，都要能反映某个问题或某项决策。在收集到的案例材料中，普遍存在主题不鲜明的现象，具体体现为：

1. 定题过于随意，有近一半的案例直接用课题名称作为题目，如《"两件宝"教学案例》《"买文具"教学案例》；有的甚至只写上《小哥哥会回来的》《纸的故事》这样的题目，让人看了不知所云；

2. 主题涣散。有的案例为记录而记录，没有根据需要进行恰当的取舍，看不出作者要研究的问题；等等。当然，也有一些案例在提炼主题、设计题目时比较用心，如《"导之有方"方能"导之有效"》《跳出语文教语文》《在疑处悟成长》《捕捉资源　因势利导》等。这些题目主题鲜明，让人一看题目就有看正文的欲望。

因此，老师们在设计题目时首先要考虑这个案例所要反映的问题，确定好主题，根据主题再来拟订题目，然后选择最有感受、最具启发式的角度切入，才能写出水平较高的案例。

(三)情境描述的写法

情境描述——是案例的构成主体。在写作上有以下几个特点：

1. 叙述要客观冷静

写作教育案例的教师，对于所写的教育案例，必然有自己的观点。但是，在案例写作中，只能客观地介绍典型事例。案例讲述的是一个有趣的故事，其中有一些生动的情节、鲜明的人物，但作为案例的故事应该具备两个条件：一是真实性，即这个故事是教育、教学过程中确已发生的事实的记录。不是杜撰、虚构与主观臆想的产物；二是完整性，即这个故事要有一个从开始到结束的完整情节。片断的、支离破碎的无法给人以整体感的故事不能成为案例。在叙述事件时教师要把自己作为一个旁观者，不融入自己的主观情感，即使是自己的经历，也把自己作为一位当事人，客观冷静尽可能不带主观色彩地描述。

2. 叙述要形象生动

描述这一部分的写作和记叙文有许多共同之处，有人物、有时间、有地点、有事件，这些要素构成一定的情节和比较明显的矛盾冲突，包括一些戏剧冲突。因而叙事情节要特别注意形象生动，一个教育案例可以看作一件文学作品。无论主题是多么复杂，故事是多么的错综，它都应该以一种令人有趣的、吸引人的方式来讲述。案例必须具有可读性。

3. 叙述事件要中心明确

教师叙述的案例中心明确，要能够让阅读者看出故事揭示的某个规律概念，关系及本质，对教育教学实践工作有指导作用。要能反映教育教学实践中问题发生的特定教育教学背景，能隐含普遍存在的、大家关心的重要的问题，能体现问题的深刻性，有实用价值的信息。

有些教师在叙述案例事件过程中往往把事件的前因后果、细节描述得非常具体，缺少对事件进行概括的深度和高度。尤其是教学案例，完全成为课堂实录。把与案例中心、重点无关的细节也带出来，使人感到啰唆、琐碎，甚至淡化了案例的中心，令人难以把握案例的主题。因此在细节的取舍上要善于做"无情者"，把与案例中心无关的内容都下狠心舍弃，进行概括、提炼，明确案例的中心。

4. 注重揭示人物心理活动

人物的行为是故事的表面现象，人物的心理是故事发展的内在依据。面对同一个情境，不同的教师可能有不同的处理方式。为什么会有各种不同的做法，这些教育行为的内在逻辑是什么，执教者是怎么想的？案例能够深入人的内心世界，让读者"知其所以难"。这也是案例不同于教案和教学实录的地方，好的案例应该能够发挥这个特点和优势。

人物心理的另一个重要方面是学生的心理活动。由于案例一般是教师撰写的，注意力容易偏重于教师这一方。自己怎么想的，怎么教的，效果如何如何，可以娓娓道来；但学生的心里是怎么想的，对教育效果的看法是否与教师一致，往往被忽略不计了。人们常说"备课要备两头"：备教材，备学生。真实地反映学生在教育过程中的想法、感受，是写好案例的重要一环。

（四）点评与反思的写法

点评和反思乃是对教育案例进行多角度的解读和阐释，它可包括对教育教学行为的分析，教育过程结果的回顾及教育思想的反思，案例所揭示的本质的提炼等。其重点在于展现教育案例自身价值。

1. 思考要独到

同一件事，可以引发不同的思考。从一定意义上来说，案例的质量是由思考水平的高低所决定的。选择复杂情境也好，揭示人物心理也好，把握各种结构要素也好，都是从一定的观察角度出发，在一定的思想观点指导下进行。要从纷繁复杂的教育现象中发现问题、提出问题、解决问题，道出人所欲知而不能言者，这需要一双"慧眼"。具备这样的功力没有什么秘诀和捷径，只有通过长期的磨炼去领悟和掌握。

2. 归纳反思记录要及时、精练

教学反思有其时效性，时间一久真情实感容易淡化，智慧的火花也容易溜掉，甚至捉也捉不回来，想记录的事实材料也容易忘掉。最好是当时记，记当时，不过夜。反思记录不宜庞杂冗长，事无巨细面面俱到，应做到有感而发。它可以对一堂课或一课书整体内容作分析探讨，但更多的是对一个提问、一次建议、一个词语、一个符号，甚至教师一个手势、眼神的运用等做记载和探讨。建议我们教师主动在备课笔记上预留空间，经常及时地记录所感所思。

对我们中小学教师来说，写自己的案例使我们远离事件，并可能有一个新观点，使我们以一种新的方式来审视事件。在这个过程中，我们学会更加有目的审视自己。必须注意的是：

(1)书写关于一个重要事件的案例并不等同于观看录像带。撰写案例，并不仅仅是"倒带"，而是一个再创造过程。

(2)案例对于作者来讲也不是一个宣泄自己情感的工具，它是一个基本的理解自我的工具，它给我们一个安全表达那些感觉的出口。它帮助我们知道怎样才能成为一个更好的教师。

(3)案例并非是一个作家才能写，它不是一篇散文或要评定等级的考卷。它是一种对已发生事件记录的形式，只要在那件事中你是一个关键的扮演者，或者你在电话上或餐桌旁谈论它，那么你就可以写案例。

(4)关于案例学习。一个案例是否影响到教学实践，并不是由案例本身所决定的。它依赖于案例使用者对案例进行分析、讨论、研究的程度，是需要学习者具有一定的洞察力的。尽管如此，如果学习者掌握了一些分析研究案例的方法，那么收获就会达到最大值。

最后需要说明的是，我们所指的"案例"主要是对学校教育教学实践而言，这些案例主要用于教师教育、教师学习，但与传统大多数相关教育文献不同的是，它是将理论融入实践，而非将两者"孤立"起来、更非"脱离"。另外一点，单个案例的价值并不是很大，围绕一个中心，用一条"线"串起来的数个案例才具有最大的价值。

■ 五、如何提炼主题

(一) 主题的内涵

主题指作品中所表现的中心思想，是作品内容的核心。教育教学案例必须要有一个主题。案例主题是案例所要反映的核心理念的观点。

案例既可以是包含一定理论价值的教学片段，也可以是比较成功但并非完美无瑕的一堂课，还可以是系列的课堂教学活动。但不论形式如何，每个案例都必须突出鲜明的主题。通过一个或多个教学事例或故事的启示，提出某一有价值的、富有启发性的问题。案例主题像一条主线把案例故事串起来。这个主题应当给人启示，能引人深思，显示出鲜明的教学改革的特色。

(二) 主题的分类

教育案例依据不同的写作目的可以有不同的写作范围、时间、重点，可以分为不同的类型。其中包括德育案例、学科教学案例、学校管理案例、家庭教育案例等。如为了提供学习运用某种理论的实例，则案例写作的范围就确定在该理论能够运用的条件范围内，重点写体现这一理论在教学中是如何运用的。如果是为了将如何引导学生进行探究的经验进行梳理，则重点描述一堂课或一次活动或几堂课引导学生探究的过程。案例的撰写可以依据不同的目的，而有不同的写作侧重点，如有的详细叙述事件发展的长期过程，有的着重说明某个情境片断，有的偏重理论分析，有的则偏重实践描述。

就教学案例而言，教师可以围绕基础教育课程改革精神，从以下几方面进行分类探讨：

1. **围绕课程性质**

教学中如何处理人文性和工具性的辩证关系；如何引导学生在广泛的文化情境中认识所学课程；

2. **围绕课程功能**

教学中如何培养学生基本的学科素养和审美能力；如何激发学生学习兴趣形成学生创新精神和技术意识；

3. **围绕课程目标**

教学中怎样整合与落实"三维目标"；教学中各维度之间的关系如何把握；

4. **围绕课程评价**

教学中怎样让评价为学生的可持续发展服务；评价主体多元，评价内容全面，评价方法多样，评价时机全程方式探索；

5. **围绕教学方式和学习方式**

教学中如何体现学生主体地位，教师怎样发挥自己的作用；怎样才是有效的自主、合作、探究的学习方式；如何创设有意义的游戏和情境进行互动教学；学生自主探究与教师引导的关系；如何看待在教学中运用计算机和网络；如何建构教师教学艺术与个性魅力；

6. **围绕课程、教材、学生的再开发**

如何创造性地开发和使用教材；地方和学校教育资源开发利用；

7. **围绕学科整合**

课堂教学中整合其他课程的意义和作用；如何在整合中突出学科功能与特色。

(三)主题的提炼

教育案例主题的提炼要以案例为基础,不能脱离教育实践,随意提炼主题。教师收集到的教育案例素材,仅仅是教育情景。需要针对某个现象或某种情况,进行反复、深入的研究,明确要解决的问题是什么,从而提炼出重要的、鲜明的、深刻的、有指导意义的主题。对于如何提炼主题,有以下几点要求:

1. 主题紧扣案例

提炼主题必须以案例为基础,不能脱离案例随意确定主题。

2. 主题具有新意

提炼主题要有创新精神,确定主题的角度要新颖,主题往往是既在意料之外,又在情理之中。

3. 顺应时代发展

要与时俱进,要有利于解决当前课堂教学中亟须解决的难点、热点问题,要符合素质教育、创新教育的精神,要适合课程改革的需要。

4. 符合教育规律

要具有一定的教育理论水平,要符合教育学、心理学、教学论的基本原则。

5. 具有指导意义

能引起大家对课堂教学中某些带倾向性的问题的关注,并能促使这些问题得到解决,不能局限于个别情境或特殊问题。选择的案例可以是一件小事,但要能以小见大。

下篇　以文论道　激活思维
　　——教师如何写论文

第四章 教育论文的功用

教育科研论文，简称教育论文，它是用来进行教育科学研究、描述教育科学研究成果的文章。教育论文是学术研究的结晶，而不是一般的"收获体会"，教育论文应有学术性，所以它是学术论文。我国著名的科学家钱伟长说过："不上课就不是教师，不做科研就不是好教师！"不做科研就不是合格的教师！教师是教育发展的希望所在。每位教师都应该努力成为教育科研的生力军、主力军。而教育科研论文是教育科研成果最终得以固定下来的形式，撰写科研论文是教育研究工作的最后阶段。而这最后阶段往往需要人们付出比前几个阶段更多的思维努力。理解教育论文可以从两点来把握：教育论文是探讨问题、进行教育研究的一种手段，教育论文是描述科研成果，进行学术交流的一种工具。它的作用既表现于学术价值也表现于实践价值，既表现于社会价值也表现于个人价值。具体来说有以下几个方面。

一、教师的劳动、教育的实践的具体体现

科教兴国是我国确立的伟大的战略决策。教育承担着传承、发展科学的重任，而它自身的进步和发展又需要科学来作先导。科学的教育离不开教育的科学。广大的基础教育岗位辛勤工作的教师，承担着繁重的教育教学任务，同时又是教育科研不可缺少的生力军。我们不仅用长期的大量的实践丰富了专业科研人员的思想，提供了

创造的源泉，还用自己诚实的劳动检验了研究成果。可以说，没有教师的劳动，没有教育的实践，也就没有教育科研。

1. 通过科研论文向社会表达对所研究的教育现象的深思熟虑的观点、意见，启发人们关注与努力解决有关教育问题的热情与智慧。

2. 通过科研论文与他人交流学术见解，互相争鸣研讨，促进教育学术领域的繁荣与教师个人学术水平的提高。

3. 通过科研论文撰写过程本身，提高研究者本人的综合分析能力、逻辑思维能力和书面表达能力，这对于研究者提高整体的教育、教学能力是极其有用的。

■ 二、提高教育质量的重要保证

撰写教育科研论文的过程，是一个不断探索、不断总结的过程。许多有价值的论文，并不是从"写"开始的，而是从"做"开始的，用"写"来指导"做"，用"做"来充实"写"。"做"的过程，既是探索的过程，又是积累写作材料的过程。如果我们能坚持写教学后记，写教育论文，坚持经常回顾、总结自己的教育教学过程，那么我们就会从中得到许多有益的启示，从而促进教育教学质量的提高。

■ 三、提高教师自身素质的有效途径

1. 促进教师提高理论素养。撰写教育科研论文，需要一定的教育学、心理学、学科教学的理论基础，这就逼着教师自己去读自己原来并不熟悉的教育理论著作。

2. 促进教师广泛吸取信息。撰写教育科研论文，可以逼着教师去广泛收集信息，看看在某个问题上别人已经探索了一些什么，哪

些探索比自己高明，哪些探索还不如自己，这样就容易确定论文的角度和重点。

3. 促进教师提高教学水平。教育科研出了成果，教育实践获得了经验，都需要有表述和承载，这就离不开文字工作、撰写论文。于是，写论文又成了搞好科研的必要本领。可以促进教师成为名师乃至成为教育名家。

四、教师体验职业幸福的必然选择

苏霍姆林斯基说过："如果你想让教师的劳动能够给教师带来乐趣，使天天上课不至于变成一种单调乏味的义务，那你就应当引导每一位教师走上从事研究的这条幸福的道路上来。"教师的教育研究可以促进教师的专业成长与发展，不断提升教师的自我更新能力和可持续发展能力，增强教师职业的乐趣和价值感、尊严感。

第五章　教育论文的类型

由于教育科学研究对象的复杂化、研究方法的多样性，其论文的写作的表述方式也丰富多彩，但是，为了实现论文的认识价值与实用价值，人们在长期的写作实践过程中，对某些文体文章的写作逐步形成了一些特定规范——即结构的基本型。这种"型"开始是某个人的创造，但是由于它符合人们的思维规律，所以一直被沿用下来，并在人们的反复运用中逐步完美、定型化。这主要是：研讨型论文、经验型论文、述评型论文、报告型论文、学位论文与叙事研究报告。这种"型"的产生不是偶然的，它是在人们共同思维规律的基础上形成的。我们利用这些"型"来写作，不但能比较省力，便于组织材料表达观点，而且这种"型"符合人们的思维规律而便于人们阅读。这是一种事半功倍的方法。国内的各类主流学术刊物，在多年办刊过程中，也根据自身专业领域的特点，形成了一定的编排格式。它们遵循"国标"的宽严不同，但目的是相同的：即为了信息传递的便利、观点交流的顺畅，以及知识产权的保护。教育教学论文和其他专业领域的论文在形式上没有太大差异，教师写的论文与在校学生的论文也是一样的道理，格式可以互相套用。当然，"型"不是个死板的套子，不考虑内容如何，一律削足适履地塞到里边去也是不行的。从总体上看，论文写作水平与理论研究水平是联系在一起的。论文格式的混乱，真实地反映了作者研究水平和表达能力的局限，缺乏经常的专业学术训练，至少是对写作不够重视。注意论文规范和遵守交通规则是一样的，司机不懂交通规则没法上路，作者不懂得用规范的文字写作，观点再好别人也无法看懂。

■ 一、研讨型论文

它是针对教育理论或教育实践中出现的问题或薄弱环节进行专题分析、提出自己的见解或解决方法的论文。它的关键是"立论",这是所有教育论文的基本特点和基础。

撰写这类论文,所研讨的问题要从客观实际出发,以确凿可靠的材料为立论的依据,重在以事论理;其结论(研讨结果)要符合客观实际,要有独到见解和实用价值。

如《作文教学中的"急功近利"倾向应该克服——小学作文指导现状分析》,就是一篇遵循以"发现(小学作文指导中)存在的问题——分析存在问题——解决存在问题"的思路撰写的一篇研讨型教育论文,作者通过发现和分析当前小学作文"在目标上追求近期效益""在方法上寻求'立竿见影'的模式"的倾向所带来的危害,提出了"作文教学中的'急功近利'倾向应该克服"的观点。文中以大量确凿的事实作为立论的依据;并从理论与实际的结合上进行了分析研究,找出了问题产生、存在的原因。认为"传统的封闭式教学方法的影响根深蒂固";"缺乏教学理论的指导,……满足于指导方法上的'移植'……";"教师习惯于'一言堂'的权威性发言"。因而"采取简单的'大呼隆'的程式,不懂得引导学生自觉地去经历作文的全过程"。同时,相应的提出了解决的办法。

再如《农村小学作文教学现状审视与对策》,作者首先指出并分析了当前农村小学作文缺乏"农"味,个性不强;起步较晚,数量不足;训练无序,方法不当;恶性循环,质量不高。接着,在对策中提出了从农村小学作文教学整体入手,实现"三个转变"。其具体对策是:①训练序列化;②内容扩大化;③形式多样化;④习作量次化;⑤指导全程化;⑥管理科学化。

■ 二、经验型论文

它是针对自己在教育教学实践中获得的经验、体会，进行分析、概括、抽象、提炼，把感性认识上升到理性认识而写出的论文。这是中小城市学校教师最常见的论文类型。

撰写这类论文，要把自己在经过认真实践、探索、试验中得出的成绩、效果、体会、感受和认识，在总结经验、选择经验、分析经验、论证经验的基础上，把收获最大的一点、体会认识最深的一点、做法最有成效的一点、抓住其本质进行思考和发掘，提出自己的真知灼见，形成自己独特的观点——论点；并在经过论证之后，使原有"经验"转化为具有总结性、独创性、理论性的论文。

如《要把学生引进客观生活中去》，其题材就来源于作者亲身实践的真知灼见。作者认为要培养学生的综合创造力以适应教育要面向未来的要求，小语教学应把学生引进客观生活中去。如何"引进"呢？作者提出了四个观点：一是"增强客观生活对育人力度的认识，形成与之相适应的教学格局"；二是"灵活引导学生认识教材与客观生活的密切联系"；三是"把握教材与客观生活的联系，组织教学活动"；四是"激发个体创造动机，协调教材与客观生活的联系"。这四点实际上是作者教学经验的理论总结。

再如《教导工作的五个"实"》，作者是从"中学教导处作为负责学校教学工作的行政机构，怎样富有成效地开展工作"提出问题的。作者认为，要解决这一问题，"思想要现实""计划要落实""目标要落实""检查要扎实""总结要真实"。这"五实"就是五个分论点。

■ 三、述评型论文

它包括综述性论文与评析性论文。它是在归纳总结别人在某一学术问题或某一研究领域中已有的研究成果基础上，进一步加以分析、评析，进而发表自己的见解的一种论文。包括读后感、对新理论、新观点的阐述。

撰写这类论文，在选择评述对象时，要考虑它的影响作用以及作者的兴趣和能力；要加深对评述对象的理解，提高对评述对象的认识，并以教育方针、政策、法规以及教育规律和教学原则为准绳，在现代教育科学理论的指导下，采取先综述情况（或观点、或做法），在一一评析之后，再从整体、主流、本质上作总评价，或述评结合。总之，都应具体提出自己的新发现、新见解或新构想。

如《对教学规律反映的升华——评"有指导的尝试原则"》，就是一篇以评述《试探"有指导的尝试原则"》一文为评述对象的评述型论文。论文认为"'有指导的尝试原则'是对教学规律反映的一次升华，是对教学论的发展"。作者紧扣这篇文章，提出了"'尝试性原则'揭示了'教'与'学'概念的全面含义""'尝试性原则'强化了'学'的动力系统，使'教'更有针对性""'尝试教学'充分发挥教学过程中的相互作用"等新见解，并进行了系统、深刻的阐述和有力的论证。这实际上是对"有指导的尝试原则"进行的真实、具体、中肯、全面的评述，并给予了充分的肯定、高度的评价。

再如《素质教育研究综述》是一篇以评述素质教育研究为对象的评述型论文。作者综观"80年代后期素质教育研究在我国兴起，到90年代伊始，这一研究逐渐形成了热潮"的现状，从"素质教育兴起的背景""素质教育研究的现状和热点""素质教育研究发展的趋势"等方面在讲自己新发现、新见解的同时进行了评述。

四、报告型论文

它是指描述或阐述教育实践研究中某一固定程序的论文。主要有调查报告、经验总结报告、实验研究报告。

1. 调查报告

调查报告是对教育科研现象的调查情况，经过整理分析后的记录。调查报告不是情况的罗列、材料的拼凑，而是揭示教育现象的主要矛盾和最本质的东西，是对材料的再加工再创造。其形式有描述性报告、解释性报告和建议性报告或描述与对象相结合的综合性报告。

调查报告的表述设有固定格式，一般有以下几个组成部分。

(1)题目。应以简练概括、明确的语句反映所要调查的对象、领域、方向等问题，题目应能概括全篇。

(2)导言。亦即引言、总提、序言、前言。简短扼要地说明调查的目的、意义、任务、时间、地点、对象、范围等。要注意将调查的目的性、针对性和必要性交代清楚，使读者了解概况，初步掌握报告主旨，引起关注。调查方法要详细说明，要写明是普遍调查或是非普遍调查(重点调查、典型调查、抽样调查)，是随机取样、机械取样还是分层取样，调查方式是开调查会还是访问或问卷，以使人相信调查的科学性、真实性，体现调查报告的价值。

(3)主体。这是调查报告的正文部分。这部分要把调查来的大量材料，经过分析整理，归纳出若干项目，分条叙述，做到数据确凿、事例典型、材料可靠、观点明确。尽可能用数据，如能用图表形式表示，可以增强说服力，一目了然。

写作安排先后有序、主次分明、详略得当。大致有如下几种写法：按调查顺序逐点来写；按被调查单位的人和事的产生、发展和变化的过程来写,以体现其规律性;将两种事物加以对比,以显示其是非、优劣,找出其差异;按内容的特点分门别类逐一叙述。这种安排较为常见。最后,要写清楚调查的结果。

(4)讨论或建议。依据正文的科学分析,可以对结果做理论上的进一步阐述,深入地讨论一些问题。亮出自己的观点,提出建设性的意见。

(5)结论。归纳结论,即交代调查研究了什么问题,获得了什么结果,说明了什么问题。

(6)列出参考资料。即在写调查报告过程中,参考、引用了哪些资料(将篇目名称、作者、出版单位、日期),目的在于对所写报告负责,并给读者提出信息,也是表示尊重资料作者的劳动。

2. 教育经验总结报告

经验总结是一种古老的教育研究方法。今天,经验总结仍然是教育科研,特别是学校教师进行教育科研的一种主要形式。例如学校行政领导总结学校管理工作经验,学校教师总结教学工作、班主任工作经验。他们通过对自己从事的经验活动进行回顾、反省、分析、思考,认识和发现教育措施、教育现象与教育效果之间的联系,从而为日后或他人类似的工作提供借鉴。教育经验总结是通过人的理性思考,把所"经历"过的,所"体验"到的东西加工成反映一定原则、规律的精神产品。经过这一番加工,使经验产生质的飞跃。

教育经验总结报告的基本内容。

(1)开头。开头部分可以对所总结的经验活动作一简单回顾,使读者对情况的前前后后有具体清晰的线索;也可以谈谈与该经验所针对的问题有关的理论背景或现实背景,从而增强该经验的意义和价值,并引起读者注意。

(2)教育工作的主要措施、实施过程、主要效果。在教育实践中可能做过的具体工作很多,在这一过程中也出现许许多多的情况,这些都是总结的素材。但总结进文章的应经过精心选择。所精心选择的事实、现象应按一定的逻辑关系组织起来，使之成为有规律性的、易于为人接受的东西。内容的组织要依照一定的逻辑关系。可以按照教育过程历时的先后和环节、步骤间的递进关系安排写作顺序，这是纵向思路；也可按照教育过程中诸因素的并列关系来安排写作顺序，这是横向思路。纵横可以交错。

(3)对于做法与效果的理论分析。先进行经验之所以行之有效，其重要原因是它符合心理和教育规律。尽管教师在工作实践中有时不一定有意识地运用这些规律，但总结时则有必要提升到理论的高度来分析、思考，分析这些事实现象的原因、意义、作用，找出它们之间的联系和规律。这样才能增强经验的科学性和价值。理论上的分析可以以体会的形式列出几点，也可以穿插在上一部分关于做法、效果的介绍中。

(4)对于今后发扬成绩、克服不足、完善经验的设想或建议。这部分无需多费笔墨，稍微谈谈即可。如果没有这方面的考虑，或者从整个文章的思路发展来看，无需这方面的内容，也不必勉强加上这个尾巴。

3. 教育实验研究报告

严格的实验研究要设置干预变量，即自变量，以影响因变量。但由于学校研究者缺乏有关真实实验研究的常识与技术；学校教育改革研究一般又是在非常自然化的环境下进行，各种变量的控制十分困难；再加上学校教育改革研究的主要目的是改革本校的教育、教学状况，提高办学效益，而不是寻求普遍性的理论原则。尽管一些打着"教育实验"旗号的这种研究引起学者们对"什么是教育实验"的争论，但他们确确实实地取得了可喜的效果，推动着教育改革的前进。从许多发表的报告或论文看，它们表现出如下特点：

(1)对研究背景、对象、变量、假设的交代。

(2)说明实验效果的数据资料。如果缺乏充分具体的数据，可以以许多事实来说明效果。

（3）对教育措施、步骤、方法的交代。在实验报告中，对教育措施、步骤、方法的交代往往是以非常简洁的语言把它们作为自变量进行交代。也可以以较主要的篇幅详细地介绍过程、方法。

（4）研究结论与理论的思考。

■ 五、学位论文

目前在职攻读学位的老师越来越多，也开始关注学位论文这一文体。撰写这类论文，选题要求比较严格，一般篇幅较长，分量较重，论题必须与之相适应；它所提出的论点，就是对论题的创新见解；选用的材料要达到必要、确实、新颖、充分、协调的选材标准；它特别强调新事实、新理论、新数字、新动态，整个内容要富于很强的理论性、创造性、论证性，以体现浓郁的理论色彩；在结构上，可参照一般学术论文构成安排整体结构。我们可以从下列附件中了解其基本特点。学位论文一般应包括以下内容（学位论文应按以下顺序编写）：

1. 论文封面

学位论文封面格式应严格按照附件的格式打印（可下载）。论文题目应能概括整个论文最重要的内容，简明、恰当，一般不超过20个汉字，论文题目同时要有中文题目和英文题目两种。封面中的图书分类号可不填，空着。封面书脊需竖排打印论文题目与作者姓名。

2. 摘要

学位论文第一页为300～500汉字的中文摘要。摘要应说明论文的目的、研究方法、主要成果和结论。在本页的最下方另起一行，注明本文的关键词3～5个（包括标点符号总字数不超过15个汉字，关键词之间用","分开）。

3. 中文文摘

中文文摘应不少于2000个汉字。中文文摘是学位论文的缩影，应尽可能保留原论文的基本信息，突出论文的新成果和新见解。摘要应尽量浅显明了、通俗易懂，少用公式字母，语言力求精练、准确。

4. 目录

体现学位论文各章节名称和页码的详细记录。目录应体现到三级，各条目的页码一定要与正文及附后内容所在的页码相符合。

5. 正文

正文是学位论文的主体，一般应包括以下内容：

①序言（引言或结论）：本研究领域的现状分析，本论文所要解决的问题，该研究工作的理论意义与实践价值。

②研究对象与方法：对本论文研究的对象、所采用的研究方法、实验设计等作详细的说明。

③研究结果与分析：详细介绍研究结果，进行充分的分析讨论。要求论点明确，论据充足，论证符合逻辑。

④结论：结论要求明确、精练、完整、准确，认真阐述自己创造性成果或新见解在本领域的意义。应严格区分本人的研究成果与导师或其他人的科研成果的界限。

6. 附录

（此项设置与否，视实际情况需要酌定）

包括放在正文内过分冗长的公式、图表、论文使用的符号意义、单位缩写、程序全文、调查问卷及其他有关说明等。

7. 参考文献

按学位论文中所引用文献的顺序列于文末。

8. 致谢

附：西安交通大学学位论文规范（试行稿）

学位论文是学位申请人为取得博士或硕士学位，向学位授予单位提交的具有较高参考价值的学术性研究论文，是国家和社会的重要文献资料。为规范学位论文撰写，保证学位论文质量，根据国家有关标准和本校实际,特制定本规范。

1. 规格及字体

博士、硕士研究生学位论文一般使用标准简化汉字,排版采取紧凑格式,不允许留有大量空白。正文采用小4号宋体(参考文献为5号宋体),纸张为A4(21cm×29.7cm)标准格式,双面复印。

2. 论文顺序

论文顺序依次为:封面、中文摘要、英文摘要、目录、主要符号表、正文(含结论)、致谢、参考文献、附录、攻读学位期间取得的研究成果(含发表的学术论文)、学位论文独创性声明、学位论文知识产权权属声明。

从正文到最后,每一页的最上方有页眉。页眉用5号宋体,居中排列。页眉以各章节名称(起始章节起)与"西安交通大学博士学位论文"或"西安交通大学硕士学位论文"字样标示,奇数页页眉为章节名,偶数页页眉为"西安交通大学博士学位论文"或"西安交通大学硕士学位论文"。

页码从正文开始按阿拉伯数字连续编排,页码位于页面底端(页脚),对齐方式为"外侧"。

3. 论文规范

(1)封面

论文封面采用全校统一格式,博士学位论文的封面为绿色,硕士学位论文封面为蓝色,同等学力硕士学位论文封面为黄色,专业学位研究生(含两课教师、中职教师)学位论文封面为灰色。

论文封面必须填写分类号,分类号可在图书馆查阅获得。

研究生学位论文如属保密论文,须在封面上方规定栏内注明相应的密级(可分为秘密、机密和绝密三类),并向研究生院提交经本人、导师及学院(系、部、中心)主管院长签字的"研究生学位论文申请保密备案表"。"备案表"可由研究生院主页上直接下载。申请保密的研究生学位论文由学院负责保管,解密后交至有关单位存档。论文题目应是既能概括整个论文的中心内容，又能引人注目。论文题目不能超过35个汉字。学科专业的填写以国务院学位委员会批准的专业目录中的专业为准，一般为二级学科，按一级学科培养的则填一级学科。

(2) 中文摘要

论文摘要由题头、摘要正文、关键词、论文类型等部分组成。题头在首页的左上方，包括论文题目、学科专业、学位申请人及指导教师姓名。

摘要正文约1000字，一般包括：从事这项研究工作的目的和重要性；完成了哪些工作（作者独立进行的研究工作及相应结果的概括性叙述）；获得的主要结论（这是本摘要的中心内容）；硕士学位论文摘要应突出论文的新见解，博士学位论文摘要应突出论文的创新点。

论文关键词的选取要简明扼要，切忌罗列过多。

论文类型包括：①理论研究　②应用基础　③应用研究　④研究报告　⑤软件开发　⑥设计报告　⑦案例分析　⑧调研报告　⑨其他。

(3) 英文摘要

英文摘要与中文摘要的内容和格式必须一致。中文"摘要"的英文译名统一为"Abstract"。

中文摘要、英文摘要处不要求学位申请者及指导教师签字。

(4) 目录

目录是论文的提纲，可以帮助读者查阅所希望了解的内容。目录中应有页号，页号从正文开始直至全文结束。

(5) 主要符号表

如果论文中使用了大量的物理量符号、标志、缩略词、专门计量单位、自定义名词和术语等，应将全文中常用的这些符号及意义列出。如果上述符号和缩略词使用数量不多，可以不设专门的主要符号表，而在论文中出现时加以说明。论文中主要符号应全部采用法定单位，特别要严格执行GB3100～3102—93有关"量和单位"的规定。单位名称的书写，可以采用国际通用符号，也可以用中文名称，但全文应统一，不要两种混用。

(6)正文

正文是学位论文的主体。写作内容可因研究课题性质而不同，工科一般可包括：前言、理论分析、实验装置和测试方式、实验结果分析、讨论及与理论计算结果的比较（须详细阐述创新点或新见解）、结论。文科一般可包括：前言、论证部分（包括理论推理和实证分析）、讨论与结论。

硕士学位论文不少于三万字，博士学位论文不少于五万字。语句要精练通顺，条理清楚，文字、图表清晰整齐。

前言部分主要论述论文的立项依据、国内外研究现状及主要研究内容，包括研究思路、技术路线等。结论部分着重总结出论文的创新点或新见解及研究展望。

论文中的插图要精选，具有自明性，切忌与表及文字表述重复；图要清楚，但坐标比例不要过分放大，同一图上不同曲线的点要分别用不同形状标出；图中的术语、符号、单位等应同正文表述所用的一致；图序与图名应居中置于图的下方。

论文中的表格参数应标明量和单位的符号，表序及表题应置于表的上方。

论文中的公式编号应用括号写在右边行末，其间不加虚线。图、表中的字体以5号字为准。如排列过密，用5号字有困难时，可小于5号字，但不得小于7号字。图、表、公式等与正文之间要有6磅的行间距。文中的图、表、附注、公式一律采用阿拉伯数字分章（或连续）编号。如：图2-5，表3-2，公式(5-1)等。若图或表中有附注，采用英文小写字母顺序编号，附注写在图或表的下方。

正文层次要清楚，标题要简明扼要。

第一章 ××××（居中书写）

1.1 ××××　　1.1.1 ××××

1.2 ××××　　1.2.1 ××××

(7)致谢

致谢中主要感谢导师和对论文工作有直接贡献和帮助的人士和单位。致谢言语应谦虚诚恳，实事求是。

(8)参考文献

学位论文中列出的参考文献格式应符合国家标准《文后参考文献著录规则》GB7714－87，列出的参考文献务必实事求是，论文中引用的文献必须列出，未引用的文献不得出现。参考文献序号按所引文献在论文中出现的先后次序排列，引用文献应在论文中的引用处加注文献序号，并加注方括弧。参考文献按如下格式列出：

学术著作：

［序号］著者.书名［M］.版本(初版不写).翻译者.出版地：出版者，出版年.起止页码.

学术期刊：

［序号］著者.篇名.刊名［J］(外文刊名可按标准缩写并省略缩写点).出版年，卷号(期号)：起止页码.

论文集：

［序号］著者.篇名.主编.论文集名［C］.出版地：出版者，出版年.起止页码.

科技报告：

［序号］著者.题名［R］.报告题名，编号.出版地：出版者，出版年.起止页码.

学位论文：

［序号］著者.题名［D］.保存地点：保存单位，授予年.

专利文献：

［序号］专利申请者.题名［P］.国别.专利文献种类，专利号.

出版日期．

技术标准：

[序号]起草责任者．标准代号 标准顺序号－发布年 标准名称[S]．出版地．出版者，出版年．

报纸文献：

[序号]著者．文献题名[N]．报纸名．出版日期(版面次序)．

电子文献：

[序号]著者．文献题名．电子文献类型标示/载体类型标示．文献网址或出处，更新引用日期．

(9)附录

以下内容可置于附录之内：

a. 放在正文内过分冗长的公式推导；

b. 以方便他人阅读所需要的辅助性教学工具或表格；

c. 重复性数据和图表；

d. 程序说明和程序全文；

e. 调查问卷等。

(10)攻读学位期间的研究成果

a. 与学位论文相关的主要学术论文及专著，列出格式与本规范中(8)参考文献部分格式相同。

b. 与学位论文相关的主要科研获奖，列出格式为：

获奖项目名称，获奖名称及等级，发奖机构，获奖时间，获奖人(排名情况)。

c. 与学位论文相关的专利，列出格式为：

专利名称，专利号，专利国别，授权时间，持专利人(排名情况)。

d. 与学位论文相关的其他成果。

(11)学位论文独创性声明、学位论文知识产权权属声明

学位论文制作完毕后，学位申请人及其导师均须签署"学位论文

独创性声明"和"学位论文知识产权权属声明"。

"学位论文独创性声明"和"学位论文知识产权权属声明"标准文本如下：

学位论文独创性声明

本人声明，所呈交的学位论文系在导师指导下本人独立完成的研究成果。文中依法引用他人的成果，均已做出明确标注或得到许可。论文内容未包含法律意义上已属于他人的任何形式的研究成果，也不包含本人已用于其他学位申请的论文或成果。

本人如违反上述声明，愿意承担以下责任和后果：

1. 交回学校授予的学位证书；

2. 学校可在相关媒体上对作者本人的行为进行通报；

3. 本人按照学校规定的方式，对因不当取得学位给学校造成的名誉损害，进行公开道歉。

4. 本人负责因论文成果不实产生的法律纠纷。

论文作者签名：　　　　　日期：　年　月　日

学位论文知识产权权属声明

本人在导师指导下所完成的论文及相关的职务作品，知识产权归属学校。学校享有以任何方式发表、复制、公开阅览、借阅以及申请专利等权利。本人离校后发表或使用学位论文或与该论文直接相关的学术论文或成果时，署名单位仍然为西安交通大学。

论文作者签名：　　　　　日期：　年　月　日

导师签名：　　　　　　　日期：　年　月　日

（本声明的版权归西安交通大学所有，未经许可，任何单位及任何个人不得擅自使用）

研 究 生 院

六、叙事研究报告

1. 叙事研究与叙事研究报告的出现

20世纪80年代,加拿大的几位课程论学者认为:教师从事实践性研究的最好方法,是说出和不断说出一个个"真实的故事"。在他们积极倡导下,叙事研究开始作为教师的研究方法运用于教育领域,缘于这一研究方法的实用价值,很快引起了教师培训系统等多方面的关注。

所谓"叙事"(narrative),就是叙述故事。在西方的叙事学(narratology)定义中,是指对"述说"的研究,一般是指文学、电影等艺术作品的研究。在教育领域,叙事用来描述教育教学活动的事实、经验、资料数据、过程等,反映人们对教育的认识和理解;在人类的日常生活领域,"叙事"反映的是人们对自己生活事件相关的认知结构,使人更好地理解自己周围的世界。因此,我们可以这样理解,所谓叙事研究,也就是由研究者本人叙述自己的研究过程中所发生的一系列教育事件:包括所研究的问题是怎样提出来的;这个问题提出来后我是如何想方设法去解释问题的;设计好解决问题的方案后我在具体的解决问题的过程中又遇到了什么障碍,问题真的被解决了吗?如果问题没有被解决或没有很好地被解决,我后来又采取了什么新的策略,或者我又遭遇了什么新的问题?

教育叙事研究的要点:(1)叙事应该有一个主题。叙事的"主题"是从某个或几个教学事件中产生,而不是将某个理论问题作为一个"帽子",然后选择几个教学案例作为例证。(2)教育叙事形成的报告是一种"教育记叙文"而不是传统的教育"论文"。这种教育"记叙文"比传统的教育"论文"更能引起读者的"共鸣"并由此而体现它的研究价值。(3)叙事研究报告以"叙述"为主,但是在自己"反思"的基础上写的,"夹叙夹议"。能够更真实、深入地反映研究的全过程和作者的思考。(4)教育叙事对改进自己的教育教学思路,提升自己的教育教学水平起到了强有力的推动作用。既是一种指导参与式培训,又是一种探究式培训。

过去,一谈到写论文,我们就想到长篇大论的学术论文,好像只有学术论文才是研究的唯一文体,实际并非如此,学术论文属于专业研究者的一种文体,在学术论文中,我们需要有鲜明的观点,需要层层论证,需要有步步为营的推理,需要有逻辑鲜明的秩序,需要引用大量的国内外参考文献,这是学术论文的一般性要求,但这种文体对于中小学教师来说恰恰是不适用的。比如一个教师占有资料的空间与视野总是有限的,他不可能对国内外相关问题的研究文献作综述与梳理,他所提出的相关论证,是在自己的经验当中,他对事物的逻辑判断,也并不像专业研究者那样层次分明,学术论文这种文体与中小学教师有关,但不是主要的文体形态。其他的一些文体形态,也可以归诸"论文"范畴,只不过它不是以"学术"为主要取向的,教育叙事研究报告,同样也是研究成果的表达形式。而这些样式是与具体的实践结合在一起的,反映的是教师在日常教育教学中的所思所想,是和具体的实践结合在一起的,是和一系列鲜明的有情节的事件结合在一起的,体现教学的全过程,反映的是教师的心路历路,提升的是教师的相关经验,这种非常鲜活、丰富、多样的文体形式,属于教师,正像学术论文这种文体属于专业研究者一样。专业研究者长于用专业词汇表情达意,而我们的叙事、案例、日志、反思,恰恰是那些生动、具体、形象的表达,这种语言类型属于实践第一线的老师们。这正是教师们寻找到的、属于他们自己的研究成果的表达形成,正在形成他们自己独到的研究文体,随着教育叙事研究被广泛重视后,也流行和被承认的一种论文,即叙事研究报告。

2. 如何撰写好教育叙事研究报告

叙事研究(或叙事的教学研究)的主要使命是将整个教育问题的

提出与解决过程完整地"叙述"出来，教育叙事研究报告就是通过记录并反思教师在教育信息化发展过程中的经验，以叙事、讲故事的方式表达对教育的理解和解释。我们的中小学教师最常犯的毛病就是只有案例没有观点，说个事儿可以滔滔不绝，写文章一写一个教案，一写一个叙事，理论素养很欠缺。这是因为他们虽然在一线接触大量的人和事，但平时不重视阅读和研究，没有形成自己的理论体系，没有掌握从大量现象中分析、提炼、概括的能力，也就不可能拥有丰富的观点。这些老师也许教书教得不错，但不知道为什么要这样教，就只能停留在原来的层次上。教师什么时候突破了这个瓶颈，教科研水平就能走上一个台阶。

叙事研究报告可分三类：一是关于某一节课或某一教学片段的具体反思，使之成为一份具体的教学案例（可称为"教学叙事"）。二是关于教师与某个或几个学生交往的生活故事，使之成为一份具体的师生关系或学生生活的案例（可称为"生活叙事"）。三是教育研究、论文研究、资源开发实践等过程中的思考体会（可称为"研究叙事"）。

教育叙事研究报告的文体突破了传统的研究论文和实验报告的单一格式，它来自人们生活中熟悉的口述、故事、现场观察、日记、访谈、自传、传记、书信等，用来述说教育主体的经验和实践。亲历性、真实性是教育叙事的基本品格。它靠事实说话、靠真情动人、将教育的直接参与者的内心思想、隐性知识等转化为显性知识，挖掘出教育主体的教育智慧并转化为集体智慧和共享资源。

教育叙事研究报告有三要素：（1）典型事件：包括人物、事件、情境对话和氛围的现场情境。（2）问题叙事：有关与问题的产生、解决方法与结果。（3）反思：对教育事件的理性思考，以阐述某种教育理论、观点、方法或策略。

叙事研究报告的标准：（1）所叙事件具有研究意义和可借鉴性。（2）反映了教师心路历程，并能供其他教师反思自己。（3）叙述对教育事件的认识、看法、判断、理解。

写好教育叙事研究报告的诀窍在：(1)重在思考。教育叙事研究不是简单的"镜像"纪录生活，而是观察与思考生活；好的教学设计不仅仅是一份好的教案，而是通过对教学过程的反思获得的经验；思考不是填写模板(模板是供培训时模仿学习)，而是创意和灵感的碰撞；善于思考的人从身边的平常事中也会发现真理；优秀的教师不仅是教人知识，而是教人思考，因此，教师自己首先要养成思考的习惯。(2)注意观察。观察教学情景的发展变化；观察当事人的态度；观察学生的反应和学习的结果；可以借助技术(照相机、录像机、计算机等)记录观察的过程；注意保存观察的原始资料。(3)能够提出问题。明确研究的问题；清晰地表达问题；把问题细化，便于处理和研究；注意随时抓住教学活动中出现的新问题；追问问题。(4)注意学习。文献资料学习；网络资源学习；向身边的同行学习；向自己的学生学习；注意从历史经验中学习。(5)研究过程。清晰地说明参与者特征和研究地点的特征；明确研究的方法和程序；资料收集的技术与可信度；现场情景的准确和生动的描述；如实记录当时的心理活动。(6)交流与讨论。头脑风暴，促进新思想的涌现；网上交流，吸取和集中更多人的智慧；对现象和发现的清晰充分的解释；给出的结论适当、有条理、有证据(必要时讨论研究的局限性)；提出进一步研究的设想与建议。

例1：

苏霍姆林斯基："我们欣赏大自然的音乐"

音乐、旋律、乐音之美是人的德育和智育的重要手段，是心灵高尚和精神纯洁的源泉。音乐能使人看到大自然之美、道德关系之美、劳动之美。人借助音乐不仅可以对周围世界而且也可以对自身的崇高、壮丽和美好获得认识。音乐是自我教育的有力手段。

对同一批学生从幼年到成熟期的多年观察使我确信，电影、广播、电视对儿童的那种自发的、无计划的影响，不利乃至有害于正常的审美教育。大量自发性的音乐印象则尤其有害。我认为教育儿童的重要任务之一是，要使音乐作品的感知同那种能够使人借以理解和感受到音乐美的背景的感知交替进行，也就是同感知田野和草原的寂静、树林的飒飒作响、晴空百灵鸟的鸣唱、成熟麦穗的低声私语、蜜蜂和飞虫的嗡嗡之声等，交替进行。这一切也就是大自然的音乐，就是人在创作音乐旋律时从中摄取灵感的那个源泉。

一般在审美教育中，尤其在音乐教育中的心理目标很重要。教育者在让儿童接触美的世界时就要掌握这个目标。我所定的目标是培养饱含情感地对待美的那种能力和取得美学性的印象的那种需求。我认为整个教育体系的重要目的是：使学校教会人在美的世界中生活，使他离开美就不能生活，使美的世界能在人的身上创造美。

"快乐学校"对听音乐作品和自然的音乐赋予了较多的注意。这里提出的首要任务是，引起对旋律的情绪反映，尔后使儿童确信，音乐美的源泉在于周围世界的美；音乐旋律好像在召唤人：你停下来，听听大自然的音乐，欣赏欣赏世界上的美，要爱护这种美，并去增添这种美。多年的经验证实，人只有在孩提岁月才既能学会语言，又能掌握初步的音乐素养，即掌握感知、理解、感受、体验旋律美的能力。凡在童年错过的，很难乃至几乎不可能在成年岁月中去弥补。儿童的心灵对本族语言、对大自然的美和对音乐旋律，其敏感程度是相同的。如果在很早的童年能使他从内心感受到音乐作品的美，如果孩子能从乐声中领略到人在情感上的多种多样的细微变化，他就会提高到用任何其他手段都不可能达到的文化修养水平。对音乐旋律美的感受会向孩子揭示他自身的美——小小的人会意识到自己的长处。音乐教育——这不是培养音乐家，而首先是培养人。

初秋，当清澈的大气中能清晰地听到每一种声响时，一到傍晚时刻我就和小朋友坐在碧绿的草地上，我让他们听了 H. 里姆斯基—科萨科夫的歌剧《苏丹王的故事》中的《野蜂飞舞》的旋律。音乐引起了孩子们情感上的反响。他们说："野蜂一会儿近了，一会儿又远了。还能听见小鸟在叫……"我们又听了一遍旋律。然后去到正在开花的含蜜草地。孩子们听到蜜蜂的竖琴在演奏,雄蜂嗡嗡地叫个不休。这里就是那个毛茸茸的大雄蜂,时而在花上飞舞,时而落在花上。孩子们听了很高兴:这差不多就是录在唱片上的那个旋律,但是音乐作品里有一种特殊的美,这是作曲家从大自然中听来而又表现给我们听的。孩子们还想再听一听唱片上的旋律。

过了一天,我们清早又到繁花似锦的蜜源地段去。孩子们倾听蜜蜂的演奏,竭力想捕捉雄蜂的嗡嗡声,在此之前他们觉得很平常的东西,现在显示出美来了——这就是音乐的魅力。

我挑选来供欣赏的乐曲都是以儿童所能理解的那些鲜明形象来表现他们在周围经常听到的那些声响:小鸟啾啾、树叶飒飒、雷声隆隆、流水潺潺、狂风呼啸等。同时我还防止他们感受过多的印象。我要再说一遍,音乐形象过多,对儿童有害无益;它可能使心绪惶惶不安,继而则使情绪反响迟钝起来。我在一个月内使用的乐曲不超过两首,但是配合每首曲子都要做大量的教育工作,目的是唤起孩子希望再听那支乐曲的愿望,并做到让孩子每次都能在作品中发现新的美。很重要的一点是,在聆听那些在掌握初步音乐素养中具有特定作用的乐曲之间不要夹杂任何自发的、杂乱无章的印象。听过乐曲之后,孩子们应当细细听听宁静的原野,并在接受两首乐曲之间去认识大自然的美。

有一天,我们去橡树林。这是初秋的一个阳光明媚的日子,阳光下的树木绚丽多姿,秋天的小鸟在歌唱,远处传来拖拉机的轰鸣声,雁群在清澈的碧空中列队南归。我们聆听了柴可夫斯基的《秋歌·十月》。乐曲帮助孩子去感受在此之前未察觉到的周围自然界中无与伦比的美——橡树的黄叶在微微颤动,清新的空气发出馨香,道边野菊在凋谢。

孩子们情绪很高,心情很愉快,但是欢乐的曲子也引起了淡淡的愁意。孩子们已预感到秋雨绵绵的连阴天、寒风呼啸的暴风雪、夜长黄昏早的日子又快来临了。根据音乐曲调的印象，他们谈到了夏日的美好，谈到金色的初秋季节。每个人都记住了一些鲜明突出的东西，这时他们意识中的夏季和秋季的形象已是十分优美的了。如拉丽萨就说："我跟爸爸去峡谷，山坡上是一堵大绿墙——树林、树林、尽是树林，到处都有阳光普照。不知哪里还有一只斑鸠在咕咕地叫。树林子里真美，真美……真想走啊走，让太阳总是那么明亮地照着。斑鸠咕咕叫的时候，树上的叶子好像都静下来在倾听。"

舒拉回忆道："妈妈带我到地里去过。她跟着康拜因干活。我跟康拜因手叔叔坐在上面。后来我困了，妈妈把我抱上了新麦秸垛。我仰望蓝天，一会儿我觉着麦秸垛飘了起来，飘得很高很高。我一会儿来到一只小鸟跟前——可是小鸟还是在天上飞着——一会儿又离它远了。小蚂蚱也跟着一起飞——它们成群地唱着，迎着小鸟飞去。我就这样睡着了。醒来的时候，小鸟还在天上飞着，小蚂蚱唱得更响了。"

我们又欣赏了一遍柴可夫斯基的乐曲。我觉察到孩子们已经能从曲子中听出他们记忆中感到亲切的那些不可忘怀的盛夏和中秋美的景象。孩子们还听出了新近的情景。

"我跟着父亲拉了一车干草。我躺在干草上，满天星星在眨眼。旷野里只有鹌鹑在叫。星星变得那么近，好像伸手就能摘到，像小灯笼一样。"

这是尼娜的回忆。我听着这女孩的追述感到万分惊喜。要知道，尼娜向来默不作声，很难让她说上一句话。可是现在音乐使她开口了。

真令人高兴，音乐使得情绪反应更加敏锐了，它唤起了由音乐形象美所引起的想象。真想让每个孩子都能在音乐的影响下去想象，去幻想。音乐能增强儿童天性中诗情的和想象的成分，这是多好的事。使我高兴的是，不论是柯利亚还是托利亚，听了塔尼娅和拉丽萨兴奋的讲述后也在那里沉思起来——他们也在回忆着什么。

音乐——这是强大的思想源泉。没有音乐教育就不可能使儿童得到长足的智力发展。音乐的最初本源不仅仅是周围世界，还有人本身，他的精神世界、思想和言语。音乐形象按新的方式向人们揭示现实事物和现象的特点。孩子像是把注意力集中在了音乐从另一种角度展现在他面前的那些事物和现象上，于是他的思想便描绘出一幅鲜明的图画，这幅图画又要求用语言来描述。孩子从世间为新的想象和思考摄取素材，并用语言进行创作。

音乐——想象——幻想——童话——创作，孩子就是按照这样一条途径发展他的精神力量的。音乐旋律能唤起孩子一些鲜明的表象。它是培养理智创造力的无与伦比的手段。孩子们一面听着格里格的乐曲，一面在自己的想象中描绘神奇的山洞、茂密的森林以及善良和凶恶的人物。最不爱说话的也想说话了；孩子把手伸向了笔和画本，要把童话形象留在纸上。音乐甚至把最消极的孩子的思维能力也激发起来了，似乎音乐给思维物质的细胞注入了一种能产生奇效的力量。我认为音乐影响下的这种智力高涨，就是思维的情感源泉。

附2：

"摘"苹果的启示

——数字"0"的认识的教学片断与反思

山东淄博师范学校附属小学　张红女　数学教师

开学不久，我发现班里很多小朋友都喜欢画画，并且画得不错。就想，这么好的资源不好好利用岂不可惜。今天学习"0"的认识，我就当一次"懒"老师，既不做课件，也不做教具，让学生尝试自己画。

上课了，我请小朋友们帮忙，在黑板上快速画好一棵大苹果树。学生积极响应："老师，我！我！"我找了一名同学，发现其他人有点失望，就请上来的同学画树的轮廓，又找了几个小朋友帮他画苹果。一会儿工夫，一棵大苹果树画好了，尽管不是特别漂亮，但从同学们欣喜的目光中，我发现大家都很喜欢，也很兴奋。

我随手在每只苹果上写下1~9这几个数，说："谁能提个问题，请小朋友根据你提的问题来摘苹果？"

我的原意是想启发学生提"比几大"，"比几小"的问题，复习数的大小，同时让学生经历全部苹果被摘掉的过程，感知"没有"的含义，建立数感。

第一个站起来的是司志柱："谁能用手把苹果'真正'摘下来？很难吧？谁会？"他把"真正"二字说得又慢又重，两只眼睛挑战似的在教室里扫了一圈，把全班同学的热情全调起来了。

我当时想，这孩子，画在黑板上的苹果怎么能真摘下来呢，这不是故意刁难吗？这个问题没多大价值。刚想开句玩笑，把这个问题"枪毙"，却发现有几个同学举手，很自信的样子："我能！"

我想，标新立异、别出心裁是孩子的乐趣。他们的很多不同于成人的"新"的想法和做法，有时在我们看来是不可思议的。但是，孩子的每一点发现，都是他们积极思考的结果，是他们内心世界的真实反映，也是他们创造的源泉，需要我们精心地呵护。所以，我示意司志柱点将。

第一个上场的是赵自强："老师，有彩笔吗？"

"没有。"

"还是用我的吧，"一个同学说。

只见赵自强在手心里飞快地画了几下，用另一只手把其中一只苹果擦了，然后亮出手心中的苹果，看着司志柱。全班小朋友哈哈大笑。我说："司志柱，你满意吗？"司志柱非常严肃地点点头。

第二个是马承瑞，他紧接着上去做了几下擦的动作，接着张开嘴，说："吃了。"（还是这小家伙懂得老师，知道我这些苹果是有别的用处的。）

翟若迅跟着跑上去，擦掉一个，马上在树下画了一个同样的。他说："苹果熟了，掉地上了。"

司志柱高兴地说:"我很满意。"

下边的学生很激动,我也被感染了,哇噻!这就是"真"摘呀?我明白了什么是童话世界!

我接着说:"我想提个问题,谁能把比6大的苹果给摘下来?"

第一个应战的是仝邵君,一个文静的小女孩,她擦掉8,问:"我摘得对吗?"

学生在下面嚷:还有9呢!(刚才7已经被擦掉了,只剩8和9了)

邵静怡:"老师,我能一下子摘两个吗?"

本来我想让学生摘完8和9,再模仿我的样子提问,想不到学生问了这样的问题。

她擦掉了4和3,解释说,4+3=7,7大于6!

赵自强:"我也能摘两个,老师保准你们看不明白。"

他上去先擦掉了1和5,又随手亮出两张排在一起的学具卡片:"看明白了吧?15就是比6大!"

这孩子,他上去的时候神神秘秘地用一只手捂着口袋,原来藏着东西呢。

"我只摘一个就行了。"(只剩2和6了,看你怎么摘?)

他飞快地擦掉6,亮出学具卡片6:"看,倒过来就是9,9比6大!"

最后剩一个2了,我说:"我也想摘一个,我要把这个比6小的摘掉。"学生笑嘻嘻地看我摘完,高兴地说:没了。

课堂应该让学生感兴趣,有好奇心,心理自由,心灵开放。也就是说教学应该建立在尊重和依靠学生的基础之上,不管学生有多小。在这样的前提下,学生才会敢想、敢说、敢做。在这样的情境中,学生已有的生活经验、知识技能才会被激活,创造思维的火花才会燃起!这节课中,学生用自己的所学、所思为课堂情境的创设创造了物质环境,同时他们也成为情境本身。他们在给大家带来美的享受的同时，也体验到了创造的惊喜。这里，有教师式的学生，也有学生式的老师，大家"教学相长"，其乐融融。尽管一开始学生提的问题不是纯数学问题，但在解决问题的过程中，放飞了学生的想象，发展了学生的创新意识和发散思维的能力，他们虽然没有思考数学，却在数学地思考。所以，为此花一点时间也是值得的。

　　儿童是一本耐人寻味的书，童心是有待挖掘的重要的教学资源。孩子的一举一动，一言一行需要也很值得我们反复体察，细细品味。不断地读，就会不断地发现童心里深不见底的一面，也会有更多的惊喜和感悟。本节课中，学生用自己的方式"摘"画在黑板上的苹果，找比6大的苹果时的那种无拘无束，让我在笑过之后，有了更多的思考：怎样使师生的生活和经验自然地进入教学过程，完成知识建构的任务，让知识"活"起来？如何走进童心，给他们更健康、快乐的学习生活，使他们能数学地思考，有持续发展的后劲？这也许是值得我们研究的一个永久的话题。

第六章 教育论文的特点

教育论文应较系统和专门地讨论与研究教育科学领域中某种现象或问题，思考和动笔都是从科学研究这个目的出发的，比一般论说文更富理论色彩和专门性。它涉及的范围较广，在教育科学这个辽阔的领域中，站在一定的理论高度观察和分析有重要价值的现象和问题。它不像一般论说文那样，可以就具体事件议论得失，评定是非。它的生命力及其价值，是在于科学研究的新成果，内容上的创新意义。它比一般论说文更强调新意（即新见解、新成果、新思想）。它主要有如下特点。

■ 一、学术性

教育论文是学术成果的载体，是学术研究所形成的产品。它侧重于对教育现象进行抽象地、概括地叙述或论证，其内容是系统性的、专门化的，因而，这种文体必然具有很强的学术性。它不是教育现象的外部直观形态和过程，而是教育发展的内在本质和发展变化的规律。它具有深思熟虑的学术见解，但又不是偶感式的杂谈或社会性议论。教育论文中，某一教育现象也不像"经验"那样完整、具体、形象地反映着，而是按照思维的认识规律被解剖、抽象地反映着。它致力于表现教育的本质，揭示教育的规律性。它与教育、教学经验文章相比较，它是理论的。虽然它要取材于某一具体教育、教学活动，但不叙述其细节，只是经过提炼，"抽象地反映"并上升为理论，写成论文。教育论文如果没有学术性也就失去了教育论文的资格。所以，学术性是教育论文最起码的条件。

■ 二、科学性

教育科研的任务是要揭示教育发展的客观规律，探求客观真理，建立和丰富教育理论，使之成为教育改革和发展的指南。这就要求作者对传统的教育思想、内容、方法，对引进的教育理论、经验，都要采取"一分为二"的科学分析态度，都要尊重客观事实，不能带个人偏见，不能主观臆断或凭空说教。在立论上，应从实际出发，从中引出切合实际的结论，即必须以《中国教育改革和发展纲要》为指导思想，论点的提出必须以切实、准确、真实的科学依据为前提；论据，要在周密的观察、调查、实验的基础上，尽可能多地占有材料，以最充分、典型、新颖、确实有力的材料（理论材料和事实材料）作为立论的依据；论证上，应是系统的、完整的、首尾一贯的，是经过周密思考，严谨而富有逻辑效果的论证。它包含在内容上的充实、成熟、先进、可行；表述上的准确、明白、全面，无懈可击，如果失去了科学性，也就不成其为教育论文。所以，我们说科学性是论文的生命。

■ 三、创造性

教育论文要求作者要有自己独到的见解，敢于革新陈腐的教育思想、内容和方法，有创新意义。能在对教育领域的现象进行观察、调查、分析研究的过程中，发现别人没有发现或没有涉及的新问题；能对别人研究过的问题采取新的角度或方法，提出具有理论意义或实用价值的新观点或新结论；能在综合前人研究结果（或经验）的基础上加工提炼，开掘新意；能在别人争论的课题中或出现分歧的问题上进行比较分析，在弄清彼此的分歧争鸣点的基础上，作出与已有结论不同的结论；能用新鲜的材料（事例、数据、史实、观察所得）来证明已证明过的问题，探索新意向；能运用中外教育领域里的最新信息资料、情报以及教育科学研究的最新成果、经验理论、概念，增强教育论文的时代色彩或现代化意识，从而提出新思想、新观念、新理论、新设想，探索新体系、新方法，开辟出新的改革之路，推动教育发展的新进程。所以，创造性是衡量教育论文价值大小和水平高低的主要标准。如果教育工作者没有独特的真知灼见，没有创新，只有继承，那么，教育改革也就难于深化。建立有中国特色的社会主义教育体系也就是一句空话。

四、理论性

教育论文的理论性是指论文的理论色彩，即用辩证唯物主义和历史唯物主义思想，《中国教育改革和发展纲要》的科学观点和有关的政策、法规，以及教育科学理论为指导，分析研究教育现象和问题，形成有理论高度的论文。在具体表达科研成果上，要符合教育规律、教育原则的新要求；要从具体事物出发，把感性的东西，上升到理论高度来分析，做出科学的结论，做到以理服人；要在教育领域的现象和问题的探讨、论证和表述的过程中，运用现代教育学、教育心理学、学校教育管理学和专家对教育的论述以及专业性名词术语、理论概念，并内化或融合为论文的内容，使论文具有较浓的理论色彩。所以，理论性是教育论文深度的标志。但一定要深入浅出地表述复杂的科学道理；要用通俗简明、生动形象的语言让读者感到平易能读，平实易懂，使论文发挥交流、传播、推广科研成果的作用，进而转化为社会生产力。

五、探索性

探索就是对尚未解决的问题，以新的观点进行探讨、寻找、搜索、求取，找到改革的突破口。没有探索，也就没有科研成果。因此，探索性是贯穿教育论文始终的一条红线。即在撰写教育论文中，对教育科研中涉及比较复杂的现象和问题，要进行多方面的思考，多层次的比较，并进行认真分析，反复研究，才有可能找到解决问题的方案和措施或意见和办法；要以《中国教育改革和发展纲要》、党的教育方针为客观指导，根据传统教育的经验教训和当前教育改革的发展趋势，探索教育领域里我们还未明白还未掌握的教育教学规律，探索未来的教育教学到底是什么样子，应当怎样实现新的目标。此外，针对现实工作中暴露出来的实际问题进行分析研究，并总结研究成果，这本身就是探索性工作；而正确地寻找改革的突破口，寻找论证的新角度、新方法，寻找的过程，就是探索的过程。教育论文应体现出作者的探索个性（特点），探索个性越鲜明，论文越有创造成果。所以，探索是科研的前提，也是撰写论文的前提。

六、实用性

教育论文应面对现实，针对教育事业发展过程中出现的新事物、新情况、新问题及时进行学术上的研究探讨，并力求给予科学的解释和回答，达到"有的放矢"地指导人们新的教育实践活动。特别是根据现实需要，对建立有中国特色的社会主义教育理论、教育制度、教育体系，进行深入的探讨和研究，阐述和交流学术见解，既及时指导教育实践，又补充、丰富、扩展教育理论。它具有一定的社会实践意义。所以，实用性是撰写教育论文的目的意义所在。

根据以上教育论文的6个重要特点，我们教师在写教育教学论文时就应把握以下几个基本原则：

1. 思想性原则：思想性是指论文要明确反映自己的观点。任何一篇论说文都是围绕论点，通过摆事实、讲道理来论证观点。因此，要求观点要鲜明，正确。符合教育规律，能促进教育科学的发展。要能运用正确的立场、观点和方法去分析问题，解决问题。

2. 科学性原则：科学性是指论文要遵循科学原理和科学的规律。不能捕风捉影，人云亦云，胡说八道。论文要能够正确地反映客观的教育教学实际。要有足够的具体材料，充分的理论依据和准确的实验数据。对研究中涉及他人的研究成果要实事求是地给予评价。

3. 创新性原则：创新性是指论文应反映新事实、新观点。创新性是教育教学研究的生命。一篇成功的论文必须反映作者自己的独特见解。必须在前人研究的基础上提出新见解、新理论、新方法，或开辟教育科研的新道路。

4. 客观性原则：客观性是指论文要建立在客观事实基础上。任何教育科研论文都应从实际出发，尊重事实，坚持实事求是的原则；要排除一切主观因素的干扰，充分体现教育教学实践的真实性。得出的结论要真实可信。

第七章 教育论文的选题

一、教育论文的选题原则

1. 求新

即选题新颖，体现出时代特点与创新要求，有价值、有实效、不落俗套，别有创见。求"新"包括：(1)观点新。对教育规律有新发现，形成新的经验、观点、体系，有突破性发展。(2)材料新。对正在形成的某种观点或思想能用最新的材料和事实加以说明，材料实事求是，典型化。(3)方法新。论文写作要规范，在框架组织、论证方法上应有新意，写得灵活些。(4)角度新。对同一材料可以用不同的观点，从不同的角度去观察，发现新的意义。

2. 务实

教育科学是一门实践性很强的科学，要有很强的问题针对性和现实指导性，论文也须根据现实需要而作。务"实"包括：(1)内容属于教育改革与发展中提出的重大理论问题或实际问题。(2)内容反映社会关注的教育热点问题或老大难问题。(3)内容针对某一教育现象的本质和产生根源作出深入、准确的分析。(4)文章有重要的决策参考价值和实践应用价值。

3. 求真

论文内容要符合教育客观规律和教学实际情况，具有科学性。求"真"包括：(1)科学性强，学术品位高。(2)材料典型，能反映事物的本质和规律,有说服力。(3)论证的材料和方法讲究科学性,得体、全面、准确,以理服人,能用辩证唯物主义和历史唯物主义观点分析教育现象,阐明教育原理,提出科学见解。

4. 尚美

论文还要吸引人、可读性和感染性,做到学术价值、实用价值、审美价值的统一。具体要求是:(1)思路清晰,中心突出,逻辑严密,主次分明。(2)结构严谨,布局合理,取舍得当,完整统一。(3)信息量大,涉及面广。(4)文字精美,质朴无华,生动形象,言简意赅且无懈可击。

二、教育论文选题的选点艺术

教育论文的选题是很广泛的,中小学教师最好选择与自己的教育教学实际关联的话题来研究,抓住五个选题的理想选点:

1. 把你最烦恼的问题作为选点

我们在平时的教育教学过程中,总会碰到一些深感烦恼的具体问题:本来以为很简单,结果花了九牛二虎之力,怎么也解决不了;或者本来以为早已解决了,可回过头来一看,问题还很严重;或者本来以为应该这样解决的,可实际上这样做根本无法解决……每一个教师都会在自己的实践中碰到烦恼,有时还会深感头痛和沮丧。这些问题,你也许曾经碰到过,但有没有想过把它作为教研文章的内容呢?其实,这些都是很好的研究内容,都可以写成论文,写教研论文的重要目的之一,就是为了解决教育教学实践中的烦恼,我们可以把"烦恼"深入系统地剖析一下,提出一些解决烦恼的建设性的意见。当然,以烦恼的问题作为选点,要尽量考虑这个问题的普遍性;分析原因,要抓住问题的本质,点到穴位;提出的方法要力求新颖独特而有效。

2. 把你最感兴趣的话题作为选点

教育和教学的内涵是非常丰富的，而对丰富的内容，每一位教师都会有感兴趣的一个或几个方面，比如张三对古典诗歌的教学特别感兴趣，李四对做学生思想工作非常擅长，而王五则对多媒体使用情有独钟，使用起来也得心应手，如此等等，平时感兴趣，往往会多关注，多留意、多思考，这方面的积累也可能多些。文学创作强调写自己熟悉的人和事，写教育论文也是一样，要写自己感兴趣的话题和材料。自己的强项，可能就是别人的弱项，以自己的强项对别人的弱项，就有可能胜出。尤其对初写论文的教师来说，不要写那些自己完全陌生的内容，不要赶时髦，否则，很可能白辛苦一场。

3. 把你获得成功的方法作为选点

作为在教育教学实践第一线的教师，不管教龄是长是短，不管所教年级是高是低，也不管教的是哪一门学科，他在自己的具体教育教学实践中，肯定会有成功的时候或满意的地方，比如被评上了优质课，获得了教学能手的称号；比如某一个问题设计得很好，一下子打开了学生的思路；比如某一个教学环节过渡得自然而巧妙；比如对学生的一个难度较大的质疑，解答得非常得体；再比如一句课堂点评，激起了学生一片笑语，等等。这虽然是细枝末节，但也是成功。面对这种小的成功，我们可以认真地想一想：为什么会成功？类似的成功还有没有了？这类成功的意义在哪里？怎样继续和拓展这类成功？然后把它上升到理性的高度。教育论文的另一个重要目的，就是积累、梳理、总结、升华自己在实践中摸索出来的成功经验，让别人检验和借鉴。因此，我们要注意反思和积累，一节课或一个内容教完之后，都要坐下来冷静地想一想：我在哪一点上是比较满意和成功的？为什么会成功？如果能经常这样反思和积累，不但能拥有更多的写作材料，而且也有利于课堂教学的实践能力的提高。

4. 把引起你警觉的现象作为选点

教育和教学都是动态的，它会随着社会的发展而发展和变化，这种变化，不仅仅发生在教师教的层面上，而且也发生在学生学的层面上，原来你觉得这样是对的，现在觉得这样并不对；原来是没有这种状况的，现在有了。由于受到某种思维和理念的影响，某种现象慢慢消失了，有的现象原先有，但不明显，而如今越来越明显了，等等。现象的出现与消失往往是不留痕迹的，有时更像"小荷才露尖尖角"，作为教师，不论是对自己的实践，还是在听别人的课，都要有敏感和机智，要善于捕捉和思考，要不时问一问：为什么这种现象会出现、消失？到底对不对？这种现象的背后能折射出什么深层的问题？发现和审视新的现象，也是教育论文的内容之一。捕捉新的现象，需要敏锐观察和冷静思考。当然，更需要提高自己的认识能力，需要我们有一针见血的穿透力。

5. 把震动过你的新理念作为选点

我们这个时代，物质文明的进程极其迅速，同时，精神文明的进程也非常之快。可以说，这是一个既出物质产品，也出精神产品的时代，同时也是一个出思想的时代。教育作为意识形态的重要组成部分，新的思想和理念更是精彩纷呈，不断地涌现出来。在学习和交流过程中，经常会有一些新的思想和观念撞击我们的大脑，有的我们可能会不以为然或一下子难以接受，但也有一些思想和理念，可能会引起我们猛烈的震动，给人豁然开朗、眼睛一亮的感觉；或者给人无比的欣慰和认同感。当我们接触到这种震撼过自己心灵的新思想、新理念时，不妨把它运用于自己的教育教学实践，用自己的亲身实践来验证新的思想和理念，运用和验证新思想、新理念，同样是教育论文写作的重要内容。

■ 三、抓住"四点"来选题

要确立"人人眼中有,个个笔下无"的选题,策略是抓住"四点"。

1. 抓住难点

中小学教师在教育教学实践中,每天都会遇到一些实际问题,如学生学习兴趣不高,学习习惯不好,课堂教学效率低下等,这些问题虽然有不少人进行了研究,但并没有完全解决。另外,在教学中,我们经常会遇到困惑,比如,近年来盛行"赏识教育",它适合所有学生吗?难道教育就不能有批评和适当的"惩罚"吗?该如何把握好"度",有的教师根据这样的疑问提出了"适度惩罚对形成儿童良好行为的效果研究"选题。

2. 挖掘亮点

教师们在自己的教育教学实践中一般都积累了成功的经验。如有的教师善于做学习困难学生的工作,形成了良好的师生关系;有的善于培养学生的写作兴趣,提高学生的写作能力;有的在课堂组织教学和管理方面很拿手,课堂秩序很好;有的在班级管理方面有一套自己的做法,带出了文明班级,这些都可以形成研究的选题。例如,长安中学德育副校长吴房添,对国旗下讲话,进行了深入系统的研究,其研究成果《提高国旗下讲话德育功能的研究与实践》获得广东省普教成果一等奖,并出版了专著《风展国旗舞蓝天》。

3. 寻找盲点

盲点就是别人还没有发现的选题。别人已经研究的东西,我们再去研究,往往费力不讨好。在教育课题研究中如果独辟蹊径,可以在学科与学科之间,学段与学段之间,学校教育与家庭教育、社会教育之间的"边沿地带"寻找未解决的问题,确立研究的课题。如课堂的小组合作学习,各个学科,不同年级的老师,很多人在研究,我们再去研究，很难有所突破。石碣序伦小学谢军恒老师，独辟蹊径，开展"组建家庭学习小组，提高学生学业成绩的研究"。石碣实验小学的何振环老师，他将小学美术教学和生态环保教育结合起来，开展了《小学美术生态式教育的探索》，取得很好的成效，该成果获广东省普教成果二等奖。

4. 关注热点

作为中小学教师，要发现有意义的问题，其前提之一是对自己所从事的教育教学工作有较为深入的了解，并保持经常的关注。机会总是偏爱那些有准备的头脑，对头脑一片空白的人来说，问题往往与他擦肩而过。要成为研究型教师，就要经常阅读有关教育的报纸、杂志，经常浏览权威学科教育网站，参加一些学术活动，多到名校去参观学习，这样，既有助于研究国内外教育理论和实际作者关心的问题，尤其是热点问题。

四、抓住"五点"来拟题

一般说来，在开始研究之时已经确定了课题研究题目，但课题题目和教育论文题目并不是完全等同的，尤其是一些周期较长、内容较广的教育科研课题，其研究成果往往需要通过几篇论文才能表示出来的。因此，论文撰写的第一步就是要确定好题目。它可以和课题研究题目相一致，也可以不一致。不论是否一致，一个好的论文题目都应符合下列要求。

1. 新颖

真理是在不断发展的，任何科学研究也都在不断完善和进步的，教育科学研究当然也不例外。如果选择的题目，只是在前人的圈子里"原地踏步"，教育研究就难以发展。因此，题目必须新颖。

新颖包含着两层意思，一是指抓住最新出现的问题，即要有动向水平。具有开创性的题目，就很新颖。二是指在原有的问题之外，提出新的问题。提出了一个新的研究思路，也具有新颖性。

2. 角度小

论文题目一般不宜过大，即切口要小。题目过大，容易写得空泛，初写论文时更是如此。如《教师队伍的管理和建设》，这个题目就太大了，难以写好。因此，广大教师应该根据自己的教育实践，选择一些小的题目进行写作。如《中学数学教研组管理初探》，这样的题目比较小一些，容易写好。有些大题目，则可以分成几个小题目来写，使论点更明确、内容更集中、论述更深刻。有必要说明，我们并不一概反对选大题目，只是就当前广大教师的实际情况而论，因一般教师难以集中很多的时间、精力来搜集资料，研究、撰写题目较大的文章。此外，题目小更容易把问题挖深挖透，更容易写得具体深刻。

3. 准确

这是指论文的题目和内容要名实相符，也就是说，题目要能准确地反映论文所研究的内容。一篇论文的题目可以是明确点明题意的，如《讲授法、讨论法、自学法在中学语文教学中的效果的比较实验》；也可以是不明确点出题意的，如《影响初中学生道德行为的几个因素》，哪几个因素并没有具体指明；还可以是问题式的，如《数学教学中如何培养学生的数学思维能力》。无论用哪种形式，题目都应该能确切地反映所要研究的问题，反映所要论述的内容。

4. 简短

题目要简短，使人看了一目了然，马上就能明白作者想要论述的问题。如果题目过长，或过于拗口，就会影响阅读者的阅读心理，减弱兴趣。如《讲授法、讨论法、自学法在中学语文教学中的效果的比较实验》，这个题目就显得太长了些，可以改成《中学语文教学中三种教法的比较实验》，省去十个字，题目更简短明确，也没有违背原来的题意，阅读者看了，同样能理解论文所要研究、阐述的问题。

5. 有文采

教育论文的题目要力求生动有文采，可以使用比喻、对偶、拟人、反问等修辞手法增加文采，也可仿拟诗词歌赋中的名句，还可巧用时尚的语言，还可将不同的学科加以有机融合等。比如：《爱让"丑小鸭"变成"白天鹅"》《试卷，怎一个"讲"字了得》《让语文学习插上"享受"的翅膀》《让语文与多学科共舞》《作文教学的"五度"》《记叙文写作的"四美"》等。

示例：

让语文学习插上"享受"的翅膀

卢　明

【内容摘要】本文试图从乐学之趣、诵读之美、探究之欲、创新之乐等几个方面深入论述如何让学生达到享受语文的学习境界。

【关键词】享受语文

语文学习的最高境界是什么？毫无疑问是"享受语文"。当思考成为一种习惯，当阅读成为一种对话，当表达成为一种倾诉，语文学习便成为一种"享受"：享受思考的成果，享受思考的过程，享受成功的乐趣。那么，新课标下怎样才能让学生的语文学习插上"享受"的翅膀呢？笔者结合自己的教学实践，认为可以着力从以下几个方面入手：

一、让学生"享受""知之者不如好之者，好之者不如乐之者"的乐学之趣

要让学生"享受"语文学习，就要不断满足学生的学习需求，激发学生的学习兴趣，使学生愿学、乐学。激发学生学习兴趣的方法很多，教育心理学告诉我们，学生的学习兴趣源自两种动力——内驱力和外驱力，只有内驱力才是真正能激发学生学习兴趣持续、有效的源动力，而产生内驱力的根本动因是满足学生的学习需求。因此，教师必须充分尊重学生的独特体验和感悟，杜绝教师的"言语霸

权";语文教学要善于创设良好的教学环境,激励原创学习,应尽可能与学生民主协商学习任务,给学生一定的选择空间,让学生能经常体验到成功的喜悦,享受自主学习的乐趣。爱因斯坦说过,"提出问题比解决问题更重要"。培养学生的问题意识,是语文课堂教学让学生"享受"语文学习,使学生愿学、乐学的有效方法。笔者在多年的语文教学中,十分注重通过让学生自己提问的方式来组织课堂教学,引导学生积极参与、主动探究,为他们创设动脑、动口、动手、质疑问难的机会。通过生生、师生、师生与文本之间的交流,培养学生独立思考、自主解决实际问题的能力。例如:《只要翻过那座山》教学片段:

师:课前让大家预习课文,要求每人找出两三个疑难问题或最感兴趣的问题,你们准备好了吗?

生:准备好了。

师:好。下面我们先在小组内交流一下,各人依次把自己准备的问题提出来,大家帮助解决,然后把相同的问题合并,把大家认为没什么价值或已在小组内解决了的问题去掉,每个组集中2~3个问题,在全班讨论,看哪个小组提出的问题最有价值。

(学生按要求小组交流约5分钟。)

师:下面请各小组代表发言。

(各组代表发言,教师随时引领归纳,最后集中出全班学生都感兴趣的两个主问题:1.少年为什么要翻越一座座山头去看大海?2."只要翻过那座山就能看见大海"这句话在文中反复出现有何作用?)

以下的学习,学生围绕这两个问题,紧扣文本,联系生活,对人物心灵进行了深入的剖析。

上述案例中,教师没有按照传统的教法,从梳理情节入手分析人物,归纳主题,总结写作特点等;而是与学生共同协商出大家感兴趣的直插人物心灵的两个问题,并以此作为本堂课的学习任务。

实际上，在这两个问题的产生和解答过程中，不但完成了传统教法所要解决的问题，而且还避免了对人物作简单图解，加深了对作品内涵的理解，学生的主体性也得到了充分的发挥。学生"享受"到了自主学习的乐学之趣。

二、让学生"享受""别有幽愁暗恨生，此时无声胜有声"的诵读之美

中学语文课堂教学中"讲"风太盛的现象的确非常普遍。无论内容简单还是复杂、学生能否自己读懂，教师都要不厌其烦、喋喋不休地解释唠叨一番。或许教师的这种课堂惯性是出于对学生高度负责的心态，唯恐自己不讲学生没法读懂，更担心学生在今后的考试中失分，被学生埋怨而悔恨交加。然而就是没有想过，就绝大多数的课文内容而言，只要稍作梳理和点拨，学生也不会有太多的障碍，基本上能通过反复朗读达到深入理解的目标。因而我们教师的主要任务是指导学生把握重点、突破难点、化解疑点。也就是对那些可能给学生的阅读造成困难的段落、语句和词语进行适当的解析，以帮助其准确无误地理解课文内涵，从而腾出更多的时间让学生去朗读、背诵课文，达到"此时无声胜有声"的效果。如《安塞腰鼓》是一篇美文，美文应美读，好文章只有用心诵读，才能品味出内在的美。在诵读中，学生通过形象生动、铿锵激越的语言，就能理解安塞腰鼓所表现的对于冲破束缚与阻碍的渴望，领会作者对激荡的生命和磅礴的力量的赞颂。从朗读中体味它的气势，感受其中的生命律动。但一些语文教师却热衷于修辞手法、写作手法等的分析讲解，把充满审美情趣的鲜活内容肢解得支离破碎，枯燥乏味。语文新课标对诵读非常重视，这是语文教学理念的又一次回归。因为如今倡导的课堂朗读，是建立在师生共同学习、探讨和理解内容要点的基础上的，与以前单纯的"读书百遍，其义自见"的传统教学理念有着本质的区别。简言之，现在的课文朗读是一种声情并茂、鞭辟入里的深层次审美体味，过去那种为读懂的朗读更多的则是无目标的初步接

触。语文教材的选文标准一直是"文质兼美",而不少"美"的韵味是不管怎样精彩的讲解也无法替代朗读的,尤其是一些精美的散文和诗歌只有通过朗读才能真正体悟其神韵和意境。语文课堂的朗读不是可有可无的点缀,而是必需的、不可或缺的。此时教师的"无声"胜过不厌其烦地剖析课文的"有声"。

三、让学生"享受""横看成岭侧成峰,远近高低各不同"的探究之欲

新课标提出语文教学要培养学生的创造精神。阅读教学是学生、教师、教材编者、文本之间的多重对话,是思想碰撞和心灵交流的动态过程。阅读中的对话和交流,应指向每一个学生的个体阅读。而教师既是与学生平等的对话者之一,又是课堂阅读活动的组织者、学生阅读的促进者。因此在课堂提问时,也应抓住有利的时机,浓墨重彩,让学生能根据自己的阅读体验、人生经历等进行个性化的解读,将课内和课外和谐地融为一体。请看下面这则材料:狮子大王的面貌非常丑陋,但它不相信,反而怪镜子不好,便下令征求一面最好的镜子。许多动物都争着把自己做成的好镜子送给狮子,希望得到重赏。可是越是好镜子,把狮子的丑陋照得越明显。狮子一生气就把送镜子的动物都咬死了。狐狸知道狮子的心意,就画了一张非常美丽的脸镶嵌在镜子当中,把镜子献给了狮子。狮子看见镜子里面映出的是一张极美丽的脸,便快乐地笑起来说:这才是好镜子!于是重重地奖赏了狐狸。通过创设这个情境来引导学生在阅读材料后从不同的角度去思考,进而提炼出不同的观点,学生积极性很高,从各个不同角度进行深入的探究:有的从镜子的角度"越是好镜子,把狮子的丑陋照得越明显"谈镜子是公正无私的,最能反映一个人的真面目,我们应时时"照照镜子";有的从狮子的角度谈美与丑的问题;有的从狐狸的角度"狐狸知道狮子的心意,就画了一张非常美丽的脸镶嵌在镜子当中,把镜子献给了狮子",揭示狐狸狡猾的本性,讽刺了现实生活中见风使舵、奸诈狡猾的一些人;有的从众

兽的角度"许多动物都争着把自己做成的好镜子送给狮子"的目的是"希望得到重赏",而最后却反被狮子咬死,讽刺了现实生活中阿谀奉承、趋炎附势者的可悲下场。通过不同角度的个性化解读,一段材料充分激活了学生的思维,使他们由一个"点"发散出无数条"链"。学生思想解放了,创造性思维火花不断迸发出来。无疑为学生提供了更为广阔的自由创作空间和一个充分展示自我的机遇,学生在自己占有资料最丰富的领域、在自己有独特感受和深刻理解的领域纵横驰骋,一展才情,真正做到了"我心解我文"的个性化解读。

四、让学生"享受""不畏浮云遮望眼,只缘身在最高层"的创新之乐

教学要引导学生于无疑处生疑,使学生在不拘泥于那些权威答案的基础上能再推开一扇窗子,让学生看到更美的风景。引导学生敢于率先打破传统,走出思维定势,以具有挑战性的问题进一步引起学生探究的热情,让他们能"仰之弥坚",越坚,钻得越起劲;"钻之弥深",越深,就越锲而不舍,充分享受钻研思考过程的乐趣。在语文教学过程中,教师要挖掘教材中的"趣味因素"和"情感因素",满足学生好奇的心理需求,培养学生对语文本身的兴趣。而语文课堂上教师如果能适时抛出一些"虚拟性"的问题,如"替换式",给文章换一种表达,换一种构思;"延伸式",让学生续写或补写作品中省略掉的部分;"删削式",故意拿掉文本的一个或几个片段;"挑战式":让学生写一篇挑战课文作者的美文。用这些"虚实结合"的方法给学生提供一些新颖的思维角度,一个崭新的思维平台,就更能让学生体验到语文创新活动带来的乐趣,而当这种乐趣不再来自教师的表扬,而是学生发自内心的创新成功后的喜悦时,也就是学生创新情感形成之时。例如:笔者在上《走一步,再走一步》一课时,在引导学生归纳中心后,向学生提出探究问题:此文还有没有值得探讨的问题呢?学生兴致很高,在老师的适时点拨下创造性地提出了一些有价值的问题:第一个问题,作为父亲,应该怎样教孩子脱险?假如"我"的父亲急忙赶到悬崖下面,一面安慰"我",一面爬上石架,

把"我"扶下来,这种做法和课文中父亲的做法相同吗?你更喜欢哪一种?说出你的想法及理由。第二个问题,你们喜欢杰利吗?说出你的意见及理由。第三个问题,你们怎样评价四个孩子?大家热烈讨论,各抒己见,既活跃了课堂,又对课文加深了理解,岂不是两全其美吗?这样的课,有利于挖掘出课文的深意,有利于多角度地理解作者的思想,更有利于发展学生的求异思维能力和创新能力。江泽民同志说过:"创新是一个民族进步的灵魂,是一个民族发展的不竭动力。"如果我们的语文课不能培养学生的创新意识和创新能力,那么,它就不能称为真正意义上的优质课,语文课应在教学方法上有创新、有亮点,能出彩,时时给学生及教师以新课堂的感受,让学生学习并掌握各种不同文本的解读方法,达到"教是为了不教"的目的,让学生耳濡目染,教师常教常新,学生熏陶渐染,其创新思想就逐步形成。要引导学生大胆质疑、探疑、解疑,通过质疑、探疑、解疑,让学生明辨是非,鉴别真伪,让学生的思维得到锻炼,创新意识和创新能力得到培养,享受创造之乐。

总之,新课标下语文教学要注意让学生享受语文学习,除了以上这些方法外,我们还要不断探究更新更好更有效的方法,让学生的语文学习插上"享受"的"翅膀"。

【参考文献】

1. 钟启泉,等.基础教育课程改革纲要(试行)解读[M].上海:华东师范大学出版社,2001

2. 李琴.如何让课堂更加生动有趣[M].吉林:吉林大学出版社,2010

3. 严育洪.新课程评价操作与案例[M].北京:首都师范大学出版社,2009

4. 郭思乐.教育走向生本[M].北京:人民教育出版社,2001

此文发表于全国中文核心期刊《语文教学与研究》2012年第5期

第八章　教育论文的结构

论文是一种创造性思维的结晶，是严肃的学术讨论、研究的报告，在学术研究领域里，使读者在短时间内看了就能迅速领悟。必须陈述规范、语言精练、观点鲜明、推理严密、结论清楚。如果论文写成"满天星"，不仅眉目不清，读者还会被一些拖泥带水的内容干扰，消耗时间和精力，这不仅与学术研究要求不相符，也与知识迅猛发展的信息时代不合拍。论文写作是有其基本的结构的，但不同体例的教育科研论文，其结构也有所不同，因此，我们只能就教育科研论文的一般结构作一阐述。教育论文的结构一般包括以下八个部分。

一、论文题目

二、作者姓名和单位

三、摘要

四、关键词

五、绪论

六、本论

七、结论

八、引文或参考文献

一、论文题目

题目又称题名或标题。是一篇论文给出的涉及论文范围与水平的第一个重要信息,是以最恰当、最简明的词语反映论文中最重要的特定内容的逻辑组合,也是必须考虑到有助于选定关键词和编制题录、索引等二次文献可以提供检索的特定实用信息。有人描述其重要性,用了下面的一句话:论文题目是文章的一半。即:题好一半文。对论文题目的要求是:准确得体,简短精练,外延和内涵恰如其分,醒目。

1. 准确得体

要求论文题目能准确表达论文内容,恰当反映所研究的范围和深度。常见毛病是:过于笼统,题不扣文。关键问题在于题目要紧扣论文内容,或论文内容和论文题目要互相匹配、紧扣,即题要扣文,文也要扣题。这是撰写论文的基本准则。

2. 简短精练

力求题目的字数要少,用词需要精选。至于多少字算是合乎要求,并无统一的"硬性"规定,一般希望一篇论文题目不要超出 20 个字,不过,不能由于一味追求字数少而影响题目对内容的恰当反映,在遇到两者确有矛盾时,宁可多用几个字也要力求表达明确。若简短题名不足以显示论文内容或反映出属于系列研究的性质,则可利用正、副标题的方法解决,以加副标题来补充说明特定的实验材料、方法及内容等信息,使标题成为既充实准确又不流于笼统和一般化。最好用一句话点明作者所要研究的问题,如《基础教育发展战略刍议》,说明该文研究的是有关基础教育发展战略的若干问题。在一些规范的研究报告中,题目最好还应该点明研究方法,如《在小学数学中培养学生思维品质的实验研究》,说明该文研究的是如何在数学教学中培养小学生的思维品质,采用的研究方法是教育实验法。

3. 外延和内涵要恰如其分

"外延"和"内涵"属于形式逻辑中的概念。所谓外延,是指一个概念所反映的每一个对象;而所谓内涵,则是指对每一个概念对象特有属性的反映。命题时,若不考虑逻辑上有关外延和内涵的恰当运用，则有可能出现谬误，至少是不当。

4. 醒目

论文题目虽然居于首先映入读者眼帘的醒目位置，但仍然存在题目是否醒目的问题，因为题目所用字句及其所表现的内容是否醒目，其产生的效果是相距甚远的。有人对 36 种公开发行的医学科期刊 1987 年发表的论文的部分标题，作过统计分析，从中筛选 100 条有错误的标题。在 100 条有错误的标题中，属于"省略不当"错误的占 20%；属于"介词使用不当"错误的占 12%。在使用介词时产生的错误主要有：

(1)省略主语——第一人称代词词不达意后，没有使用介词结构，使辅助成分误为主语；

(2)需要使用介词时又没有使用；

(3)不需要使用介词结构时使用。属于"主语的错误"的占 11%；属于"并列关系使用不当"错误的占 9%；属于"用词不当""句子混乱"错误的各占 9%，其他类型的错误，如标题冗长、文题不符、重复、歧意等也时有发生。

■ 二、作者姓名和单位

这一项属于论文署名问题。署名一是为了表明文责自负；二是记录作用的劳动成果；三是便于读者与作者的联系及文献检索（作者索引）。大致分为两种情形，即：单个作者论文和多作者论文。后者按署名顺序列为第一作者、第二作者等。重要的是坚持实事求是的态度，对研究工作与论文撰写实际贡献最大的列为第一作者，贡献次之的，列为第二作者，余类推。注明作者所在单位同样是为了便于读者与作者的联系。

三、摘要

有些为了国际交流，还有外文（多用英文）摘要。它是论文内容不加注释和评论的简短陈述。其他则是不阅读论文全文即能获得必要的信息。摘要应包含以下内容：

①从事这一研究的目的和重要性；

②研究的主要内容，指明完成了哪些工作；

③获得的基本结论和研究成果，突出论文的新见解；

④结论或结果的意义。

论文摘要虽然要反映以上内容，但文字必须十分简练，内容亦需充分概括，把文章最精华的部分拎出来，特别是要展现有新意的东西。篇幅大小一般限制其字数不超过论文字数的 5%。例如，对于 6000 字的一篇论文，其摘要一般不超出 300 字，甚至还可以更短。撰写摘要的目的，是让读者无须通读全文，就能得到作者在文章中想要表达的思想，以及课题研究的成果。

撰写论文摘要的常见毛病，一是照搬论文正文中的小标题（目录）或论文结论部分的文字；二是内容不浓缩、不概括，文字篇幅过长。交代了很多写作缘起，或者某种教育的意义，大话空话套话太多；事无巨细地介绍写了什么，用句子把小标题一个一个串起来，或是简单地叠加在一起，再现文章的架构。

四、关键词

关键词属于主题词中的一类。主题词除关键词外，还包含有单元词、标题词。

主题词是用来描述文献资料主题和给出检索文献资料的一种新型的情报检索语言词汇，正是由于它的出现和发展，才使得情报检索计算机化（计算机检索）成为可能。主题词是指以概念的特性关系来区分事物，用自然语言来表达，并且具有组配功能，用以准确显示词与词之间的语义概念关系的动态性的词或词组。现在是信息爆炸的时代，论文采用的关键词合不合理，关系到文章在检索中会不会跳出来。老师们平时教学工作繁忙，写一篇论文很不容易，如果因为关键词没有选好，与文章内容缺乏联系，别人就检索不到，对自己的劳动是一种浪费。如《选择学校还是建设学校》，一共列了3个关键词：就近入学、择校、均衡发展。每一个词都是与文章内容紧密相关的，检索任何一个词，都能找到这篇文章。一个刊物增加"关键词"这一项，就为该刊物提高"引用率"、增加"知名度"开辟了一个新的途径。

关键词或主题词的一般选择方法是：由作者在完成论文写作后，纵观全文，先选出能表示论文主要内容的信息或词汇，这些信息或词汇，可以从论文标题中去找和选，也可以从论文内容中去找和选。例如上例，关键词选用6个，其中前三个就是从论文标题中选出的，而后三个却是从论文内容中选取出来的。后三个关键词的选取，补充了论文标题所未能表示出的主要内容信息，也提高了所涉及的概念深度。从论文内容中选出的关键词与从标题中选出的关键词一道，组成该论文的关键词组。

另外，关键词不能列得太多，一般3～5个就可以了。

■ 五、绪论

说明研究这一问题的理由、意义。这一部分要写得简洁。一定要避免像写作文那样，用很长的篇幅写自己的心情与感受，不厌其烦地讲选定这个课题的思考过程。提出问题。这是序论的核心部分。问题的提出要明确、具体。有时，要写一点历史的回顾，关于这个问题，谁做了哪些研究，作者本人将有哪些补充、纠正或发展。说明作者论证这一问题将要使用的方法。如果是一篇较长的论文，在绪论中还有必要对本论部分加以扼要、概括的介绍，或提示论述问题的结论。这是便于读者阅读、理解本论的。

绪论只能简要地交代上述各项内容，尽管绪论可长可短，因题而异，但其篇幅的分量在整篇论文中所占的比例要小，用几百字即可。

六、本论

这是展开论题，表达作者个人研究成果的部分。它是论文的主体部分，必须下工夫把它写充分，写好。

有些论文，绪论部分中提出的问题很新颖、有见地，但是本论部分写得很单薄，论证不够充分，勉强引出的结论也难以站住脚。一般议论文的本论安排，有所谓直线推论（又称为递进式结构。即提出一个论点之后，一步步深入，一层层展开论述）和并列分说（又称为并列式结构，即把从属于基本论点的几个下依论点并列起来，一个一个分别加以论述）。两者结合起来运用称为混合型。

七、结论

结论是论文的收尾部分。论文的结论应包括下述内容。

1. 写论证得到的结果

这一部分要对本论分析、论证的问题加以综合概括，引出基本论点,这是课题解决的答案。这部分要写得简要具体,使读者能明确了解作者独到见解之所在。最值得注意的是,结论必须是序论中提出的,本论中论证的,自然得出的结果。论文最忌论证得并不充分,而妄下结论。要首尾贯一,成为一个严谨的、完善的逻辑构成。

2. 对本论研究的展望

个人的精力是有限的,对某一问题的研究所能取得的成果也只能达到一定程度,而不可能是顶点。所以,在结论中最好还能提出本论题研究工作中的遗留问题,或者还需要进一步探讨的问题,以及可能解决的途径等。

八、引文及参考文献

任何科学研究活动都是在前人研究的基础上前进和发展的,教育科学研究也不例外。在进行研究的过程中,应该广泛地阅读文献资料,参考已有的成果,只有这样,才能减少不必要的重复劳动,取得有价值的成果和突破。但是,也应该尊重别人的劳动,凡是引用了他人的材料或研究成果,都必须加以说明,注明出处。一个最为突出的问题是在正文中引用他人观点时不注明引文的出处,如"罗杰斯曾说过:一个人的创造力,只有在他感觉到心理安全和心理自由的条件下,才能获得最优表现和发展";"美国著名的心理学家布鲁纳说过:学习的最好刺激,乃是对所学教材的兴趣"。如果不注明引文的出处,就无法考证引文的可靠性和真实性。

引文加注的方法有许多种,在论文中使用最普遍的主要是下述三种:

(1)加注。即在引文后直接加注说明出处。

(2)脚注。又称页注,即在本页下方注明该页中所用引文的出处。

(3)尾注。即在全文末尾加注本文中曾使用的引文的出版。

在采用脚注或尾注时,应按引文出现顺序标明数码,即在引文右上角用小圆圈和阿拉伯数字标注。

引文注释的内容应包括作者姓名、书刊名称、文献篇名、卷数、册数或期数、页码(期刊可不注明页码)、出版单位和时间等。

参考文献不规范的情况很多,较常见的是注录不全,作者、书名、出版地、出版社、出版年份、杂志期号等,时有缺漏,或者前后顺序错乱;项目之间应该用标点,却用了空格;出版地后面没有用冒号,等等。

(1)参考文献的类型

参考文献(即引文出处)的类型以单字母方式标识,具体如下:

M——专著　　　C——论文集　　　N——报纸文章

J——期刊文章　　D——学位论文　　R——报告

对于不属于上述的文献类型,采用字母"Z"标识。

(2)参考文献的格式及举例

①期刊类

【格式】[序号]作者.篇名[J].刊名,出版年份,卷号(期号)起止页码。

②专著类

【格式】[序号]作者.书名[M].出版地:出版社,出版年份:起止页码。

③报纸类

【格式】[序号]作者.篇名[N].报纸名,出版日期(版次)。

④论文集

【格式】[序号]作者.篇名[C].出版地:出版者,出版年份:起始页码。

⑤学位论文

【格式】[序号]作者.篇名[D].出版地:保存者,出版年份:起始页码。

⑥研究报告

【格式】[序号]作者．篇名[R]．出版地：出版者，出版年份：起始页码。

⑦条例

【格式】[序号]颁布单位．条例名称[Z]．发布日期

⑧译著

【格式】[序号]原著作者．书名[M]．译者，译．出版地：出版社，出版年份：起止页码。

示例：

让生命之花绽放课堂
——初中思想品德课生命化教学略谈

【内容摘要】新课程理念告诉我们，生命是人的根本，关注生命是人的发展的必然要求，因而，我们的教学应是一种以人的生命发展为归依的生命化教学。作为德育课程的思想品德课课堂教学尤其应该实施生命化教学。在思想品德课堂教学中，教师要关注师生的生活世界，关注师生的情感体验和交流，努力创造生活的课堂、情感的课堂、和谐的课堂。

【关键词】生命　生活世界　情感体验

曾几何时，空洞的说教、无休止的练习和冰冷的分数让本应该充满生命温情的思想品德课堂也成为应试教育的阵地。学生的生命主体被抹杀了，学生的生命体验被剥夺了，学生的生命多样性被忽视了，同样，教师自身的生命价值和自我生命的发展与成长也被忽视了。

新课程理念告诉我们，生命是人的根本，关注生命是人的发展的必然要求。因而，我们的教学应是一种以人的生命发展为归依的教学，它应该使学生情感得到体验、人格得以塑造、个性加以张扬，

同时使教师的职业生命活力得以焕发；它应该尊重生命、关怀生命、拓展生命、提升生命，创造一种充满生命体验与生命关怀、感悟生命意义、富有生命活力的教学境界。作为德育课程的思想品德课，其教学更应该是一种关爱学生生命，特别是关注学生精神状态与生命质量的教学，教师的使命就是要关注学生生命的发展与成长，让学生的生命亮丽起来，让每个年轻的生命体都强烈地感受到生命的意义并努力地实现生命的价值；与此同时，教师自己也因学生的亮丽而亮丽，因学生的感动而感动，因学生的健康成长而实现自身的生命价值。如果我们的思想品德课能够努力追求这种境界，那么，生命的绿荫将为我们的思想品德课带来从未有过的清新和清凉。

那么，如何在初中思想品德课堂中实施生命化教学？如何让生命之花在我们的思想品德课堂中尽情地开放？这是一个值得我们每一位思想品德课教师思考、探索和实践的课题。作为一名思想品德课的教师，本人自投身于新课改实践以来，在理论与实践的交织、碰撞中，在自己与学生的交流、分享中，有些许的发现，也有些许的感悟：

一、关注教师和学生的生活世界，让生活的清泉浇灌课堂

在现代社会中，教育与生活是紧密相连的。我们知道，对于人类社会的一切实践活动来说，人的生活是它的根基。而课堂教学是以人为对象的社会实践活动，这就意味着课堂教学也必须以人的生活为根基，离开了生活这一根基，课堂教学将成为无源之水、无本之木。作为育人心灵的思想品德课堂教学，无论对于教师还是对于学生来说，都是人生中一段重要的生命经历，这一经历中如果脱离了教师和学生的生活世界，那么，对于教师来说，它仅仅是一种毫无生命激情的说教，甚至是一种机械的程式化的操作；而对于学生来说，它也只是一种被动的灌输乃至生硬的"改造"，整个课堂就会显得苍白而毫无生命的色彩。因此，生命化的思想品德课堂必须充分关注学生和教师的生活世界，把生活的清泉注入课堂，把生活的

真实呈现于课堂，使师生在课堂中回味生活、感受生活、理解生活、发现生活的真谛。

作为在课堂中起主导作用的教师，在教学过程中，不但要把自己的生活经验、生活感受自然地融入教学过程，尤其要关注学生的生活世界，了解学生已有的生活经验和他们对生活的感受、认识和感悟，使自己的教学内容、形式尽可能接近学生的生活世界，从而充分发挥学生已有生活经验在教学中的作用。

首先，所选用的材料要尽量贴近学生的生活实际。比如，关于友谊，不少教师往往会选择马克思和恩格斯的友谊、管仲和鲍叔牙的友谊等例子，因为这些例子在教师的眼中是经典的例子。但是，对于没有积淀相应历史知识的学生来说，这些例子是否真的能打动他们的心，真的能使他们从中获得感悟呢？我看未必。相反，选择学校里、班级里的一些活生生的例子，或选择时下比较受中学生喜爱的校园题材的影视、文学作品中的例子，可能更容易让学生接受并产生共鸣。

其次，创设的情境要符合学生的生活实际和心理实际。比如，角色扮演是新课程理念下许多教师喜欢用的教学形式之一，但是如果只重形式不重内容，不管学生的实际年龄和心理特点而滥设情境让学生进行角色扮演，让学生在完全与他们的生活脱节的情境中扮演他们完全陌生的角色，又怎么能让他们有真实的、深刻的体验和感受呢？所以，在思想品德课堂上开展小品表演等活动一定要慎之又慎，要在恰当的情感氛围中、选择真正能让学生动情并有所感悟的内容让学生进行角色扮演，绝对不能为了追求教学形式上的花哨而动辄让学生进行表演，使所谓的"小品表演"充斥课堂。

最后，设计的活动要与学生的生活实际接轨。教师要尽可能选择一些贴近学生的生活实际而且又为学生所喜欢的活动，譬如，可以就一些学生关注的问题，通过让学生开展社会调查，参加社会实践的形式，使学生有意识地将课本内容与生活实际联系起来；又譬如，可以以实际应用为基本形式开展实践活动，如为校园绿化设计宣传标语、提合理化建议；为学校老师做一件力所能及的好事表表敬意；在家里当一天家以体验父母持家的辛苦；进超市购物以体验消费、体验"上帝"享有的权利等。

二、关注教师和学生的情感体验、交流，让和谐的音符萦绕课堂

课堂教学是一门艺术，凡是艺术都讲究以情感人，以情动人。如果说，没有情感的艺术是苍白的，没有生命力的，那么，没有情感的课堂同样也是死气沉沉的，缺乏生命活力的。苏联教育家苏霍姆林斯基说过："情感如同肥沃的土地，知识的种子就播种在这个土壤上。"可见，对于课堂教学来说，课堂上教师和学生积极的情感体验和交流是师生共同完成教学任务不可缺少的因素。因此，教师在教学中应时时关注学生的情感体验，关注自己和学生的情感交流，努力营造一个宽松、和谐、自由的课堂氛围，达到"情知协调"的理想境界，使学生在愉悦的情感氛围和和谐的课堂环境中学习、体验、感悟。

要创造充满情感的和谐课堂，教师自己必须要有真挚的情感——对学生的爱心，对教学的激情。

首先，教师要学会倾听。这里所说的倾听不仅仅是指听学生说话的内容，而更主要的是听其说话中所包含着的心情、想法。因此，教师的听，不能仅仅用耳朵，更应该用心去倾听。只有用心去倾听，教师才能真正了解学生的想法，理解学生的感受，从而与学生产生心灵上的共鸣。可以说，学会倾听是掌握理解、沟通心灵的一把钥匙。

其次，教师要学会尊重。学会尊重，就是要尊重学生的人格，尊重学生的需要，尊重学生的选择，尊重学生的个体差异。每个人都有尊重需要，都希望得到别人的尊重，生命是需要彼此尊重的。当教师心中有学生，眼里有学生，真正地把学生当作一个有思想有情感的活生生的生命主体去尊重时，学生往往会因为自己的尊重需

要从老师那里得到了满足而格外地尊重老师,而教师的尊重需要也会在学生对他的尊重中得到满足,师生之间也因彼此尊重而更多了一分亲近,多了一分和谐。

最后,教师要学会发现,学会欣赏。每一个学生都有自己的长处,都有自己的闪光点。教师应学会捕捉学生的每一个闪光点,欣赏学生的每一个闪光点,哪怕其闪光点只是发出一丝微弱的荧光。因为,来自教师的发现、肯定和欣赏也许能使学生的闪光点迸发出耀眼夺目的光彩。在教学过程中,教师既要欣赏每一个学生的独特性、兴趣、爱好、专长;还要欣赏每一个学生在情感、态度、价值观等方面的积极表现;更要欣赏每一个学生所取得的哪怕是极其微小的进步。欣赏学生,能够使学生因教师的欣赏而自信,因教师的欣赏而受鼓舞,因教师的欣赏而获得被关注、关爱的情感满足;反过来,教师在发现学生的闪光点、欣赏学生的过程中,自身也能感受到快乐和满足。

生命是一次性的,它弥足珍贵。当我们走进课堂,面对一个个鲜活的、一个个独一无二的生命的时候,作为思想品德课教师的我们,所关注的不应该只是我们的学科、我们的教学,而更应该关注我们面前的这些年轻的生命。我们所要做的,是为这些年轻的生命多注入一些生命的激情,多创造一些生命的体验,多赋予一些生命的憧憬,用我们的生命去感动生命,用我们的生命去关爱生命,用我们的生命去催放生命之花,使学生的生命之花绽放得更加灿烂!

参考文献:

1. 俞文森,等.解读教与学的意义[M].上海:华东师范大学出版社,2005

2. 肖川.教育的理想与信念[M].长沙:岳麓书社,2002

3. 吴一凡.初中思想品德新课程教学法[M].北京:首都师范大学出版社,2004

第九章 教育论文的选材

如果说，一篇教育教学科研论文是一座富丽堂皇的"宫殿"，那么，翔实的材料就是这座宫殿赖以存在的坚实基础。翔实，便是指材料的丰富多样。翔实的材料来自于日常的教育教学工作中，翔实的材料是教育教学科研思想的来源。类似的材料积累多了，一种思想就会萌芽了。因此，教师首先要做一个"有心人"，凡是与自己的教育教学工作有关的书面资料、材料、教育教学中一切事实现象，都要注意收集；其次之后才可能成为"有题人"。一个对教育教学工作不甚关心的人，是不会有什么教育教学思想的。例如，一个只注意自己教学而不研究教学对象的一些现象，是不大会研究出"教学心理学"或"学生心理学"或"学习心理学"等类似课题的。在这个特定的时候，教学对象的一些现象、一些问题，便是材料。要搞教育教学科研的人，一定要特别注意收集自己身边、生活周围的材料。

■ 一、收集资料的作用

研究资料在论文写作中有着非常重要的作用。概括来讲有一下六点：

告诉研究者在本领域内已做了哪些工作。

帮助研究人员全面正确地掌握所要研究问题的情况，选定研究课题和确定研究方向，以便更具体地限制和确定研究课题。

为当前研究提供科学的论证依据、研究思路和研究方法。

可以避免在研究中可能出现的差错和意想不到的困难。

为解释研究结果提供背景材料。

避免重复劳动，提高科学研究的效益。

二、收集资料的途径

1. 从工作中搜集。有心于教育教学研究的教师，每堂课后或每一单元教学后都要认真思考总结，将其写成教学后记或教学反思。

2. 从听课中搜集。有些教师为完成学校要求的听课任务去听课，有的教师听课仅仅是抄上板书或课件的文字内容了事，这样的听课是无法为课题研究服务的。确定研究课题后，更要带着问题去听课，选择哪些最有价值的环节、细节或教学方法，及时记录下来。

3. 从观察中搜集。处处留心皆学问。作为教育教学研究的有心人，中小学教师既可以有意识、有目的地对种种教育现象进行观察，并随时记录，用心思索，见微知著。

4. 从调查中搜集。调查研究是公论的认识事物、掌握规律的一种有效方法。进行调查的方式，一般有典型调查，抽样调查。方法上，可举行座谈会，进行个别谈访，开展问卷调查，等等。

5. 从实验中搜集。在实验过程中，一定要及时记录，整理获得实验数据，包括成功的、失败的、需要改进的各种信息。无论从哪个角度来讲，实验过程中得到的数据对教育研究来讲，都是最宝贵和最有价值的。

6. 从阅读中搜集。开展教育课题研究，一定要学会读书，学会向他人学习。一是写读书笔记。将阅读中获得的材料以及感受较完整地记录下来。二是做好摘录。将文中有用的部分记录下来并做好分类，以便日后查找。三是做好剪辑。将报纸杂志上对自己研究有用的文字材料剪下来分类保存。

7. 利用学术会议搜集。参加专业学术会议是搜集教育科研资料的重要渠道。学术会议上学者们可以面对面地交流教育研究新成果、新进展或新课题，因此，能使人们获得报刊文件中得不到的信息资料。

8. 通过互联网搜索。计算机互联网为我们提供了巨大的信息资源。上网查询、搜集教育信息越来越成为人们获得教育科研资料的快捷、有效的重要渠道。

9. 养成及时做分类资料卡片的好习惯。

10. 养成随时记感触、写随想、做笔记的习惯。

11. 善于从报刊目录索引中去发现自己所需的资料。

12. 善于从别人论文的引文、注释中去发现自己所需的资料。

13. 熟悉和掌握各大小图书馆的藏书目录，以备所需。

14. 多关注新教材的内容，如果能对新教学内容做深入研究和分析和总结，就能成为很好的教学论文的素材。

有了这些方法，在平时就能做好一个"有心人"，能够收集和掌握足够的各种材料，待到要写教育教学科研论文时，你就"胸中自有雄兵百万"，只欠东风——睿智、慧眼与胆识了。

■ 三、收集材料的方法

有些教师平时不注意积累，到期末学校要开展论文评比时，急忙到图书馆找材料，在教育杂志上东抄一段，西摘一节，再找一些名家名言，拼凑成一篇文章就交差，这是毫无意义的。那么，怎样才能做到有内容可写？如何写出有质量的教育论文呢？要解决这个问题，关键在于我们的教师在平时的教学工作中要做到五个"善于"，即：

1. 善于发现问题

无内容可写的根源主要还在于我们的许多教师缺少一双敏锐的

"眼睛"，对教学中的"问题"常常"视而不见"。爱因斯坦曾经说过："提出一个问题往往比解决一个问题更重要。"而要提出问题，发现问题是关键。事实上，写文章的关键在于选题，选题的过程实际上就是发现问题的过程。发现了问题去寻求解决的方法和途径，将这个过程整理起来写到纸上就成了文章。

那么，从哪里去发现问题呢？

(1)记下备课时发现的问题

教师在备课的时候往往不是一帆风顺的，恰恰相反，大家往往会遇到相当多的问题，这样的问题其实就是最为鲜活的研究资料。因为你要去寻找解决这些问题的办法，查阅工具书也好，请教专家也好，向老教师取经也好，你必须得将它解决掉，否则你的课就备不好。在备课中发现教材错漏、矛盾、含糊不清等问题，特别是利用现代教育理论分析和阐述一些有效的传统教法，赋予传统教法新的内涵，或将现代教育理论与有效的传统教法进行一些融合。如启发式、温故知新、能力迁移、自学能力、小问题引路、难点突破、德育渗透、素质教育、信息反馈等，可写的很多。沛县正阳小学祝珍燕老师在准备一节县级公开课五年级上册的《黄鹤楼送别》时就遇到了这样一个问题：自己要上第二课时，是将"解释诗歌的意思"作为教学重点？还是将"李白与孟浩然之间依依惜别的深情"作为教学重点？思考再三，她难下决断。后来，她拿这个问题与我们一起探讨，经过论证，终于找到了解决的办法：这两者都应该是本文的重点，只是要有机地结合、渗透在一起，才能够完成本课的教学目标。

(2)从阅读教材中发现问题

教科书是教师必读，也是最好的读物。要使自己的阅读有所发现，有所收获，就必须做到咀嚼反刍，再三玩味，反复推敲，从中发现一些值得深思的问题。比如在阅读人教版高中生物课改新教材时，我们会发现，一些知识如"氨基酸分子结构通式"、"孟德尔的豌豆杂交实验"等内容的安排和呈现方式与老教材相比发生了明显的变化，新教材为什么要进行这些改变？这些改变有何目的和意义？又如高中生物新教材中出现了构建生物学模型的内容，那么，什么是模型？模型有哪些类型？模型及模型构建在生物学学习中有哪些作用？……这就是我们在阅读新教材过程中所要发现和提出的问题。当前，一些教师阅读教科书的质量和效率不是很高，原因固然是多方面的，比如工作量太大，心理负担重，没有时间也没有心境去阅读等，但缺乏良好的阅读习惯是一个很重要的原因。

(3) 从教学实践中发现问题

对于教师来说，上课和听课是最普通，也是最重要的教学实践。然而，现行的课堂教学无论在教学内容、教学方法，还是教学过程等方面都存在着或多或少的问题。在上课时遇到问题，我们应该随时将它记下来，这些内容也会成为你教学研究的资料。我们经常可以看到听课教师听完课在下面评论执教教师的表现。这种引起教师津津乐道的地方肯定是有价值的。还是以正阳小学的祝珍燕老师执教《黄鹤楼送别》一课为例，在试上本课的时候，一个学生对诗句提出了怀疑："当时的长江水道应该是很繁忙的，为什么李白的眼里只见到了孤帆？"祝老师随口说道："也许当时就只有孟浩然的一只小船吧。"后来，她将这个问题记了下来。在她查找资料时才发现，当时的长江水道是黄金水道，不可能只见到老朋友的"孤帆"，是因为李白心里念着老朋友所以眼里才只见到了"孤帆"。这个问题记得好，很有意义，对教师挖掘教材的能力起到了很好的促进作用。

(4) 记下听课时有启发的问题

在听课时，听到对自己有启发的问题，应随时把它记下来。沛县正阳小学祝珍燕老师在执教全县公开课《黄鹤楼送别》一课的时候，听课老师围绕"'文包诗'课文应该如何上"的问题展开了热烈的讨论，特别是对张扬"工具"还是张扬"人文"这一点上更是仁者见仁、智者见智。这场论辩论给了我们有益的启发：工具性和人文性的统一是《课程标准》的要求，这一课也不能例外，既要突显"工具性"的作用——让学生了解本诗的大意,又要张显"人文性"的一面——让学生深深地体会李、孟二人依依惜别的丰富情感。又如,信息技术与学科教学整合是近年来课堂教学研究中的热门课题之一。不可否认,信息技术的运用给生物学教学带来了一场革命,无论是对于教师教育观念的转变和教学技能的发展,还是对于学生学习方式的转变和信息素养的提高,都起到了积极的促进作用。然而,在学科教学与信息技术整合过程中,也存在着注重形式,忽视实际效果的问题。例如在"人体心脏"一节的教学中,运用多媒体动画技术,模拟心脏搏动过程中心房与心室的收缩和舒张情况,心脏内房、室间的血流方向以及心脏内瓣膜的开闭情况,就很形象直观,效果理想,这是实物和挂图都无法比拟的。但是要让学生感知心脏的形态结构,仍然运用多媒体技术,就显得很不恰当了,这就是一个选择适宜教学媒体(手段)的问题。要发现这些教学中的问题,就需要我们具有一颗常带着"?"的心。

(5)从学生学习中发现问题

在上课、学生提问和批改作业中发现问题。记下学生提问中一些有深度的问题,或许可以发现一类现象、一类矛盾、或一些从未有人思考过和问题,或从对学生典型错误中发现普遍存在的缺陷、误区、定势思维等,从教育理论的高度分析产生的原因,提出新颖的、有普遍指导意义的观点方法,从而确定写作命题。学生在学习过程中犯错是最寻常不过的事,然而,通过对学生学习中出现错误的原因进行调查、分析,就会发现一些值得学科教师思考、研究的问题,如果在思考、研究的基础上再提出一些切实有效的预防措施,那就变成了一件不寻常的事。从处理练习中发现,如常见资料的错漏、某类新题型的分析、中考和高考题分析等。比如在学生学习过程中,会经常发生这样一种情况:一些学生在练习或考试中出现的错误,虽然经过学科教师的纠正,但是在以后的练习和考试中,这些学生还是会犯同样的错误,这到底是什么原因呢?有什么方法可以预防同类错误的发生吗？在一次作业或测试中，许多学生出现了同样的错误，那么，引起错误的原因也相同吗？中学生学习某一学科的困难和障碍有哪些？怎样来帮助和辅导学生？所有这些都是我们教师可以及时去发现、分析和研究的问题。

俗话说，"处处留心皆学问"。只要我们做一个有心人，时刻关注身边的教育教学实践，通过自己的细心观察，那么，就会有发现不完的问题和写不完的题目。

2. 善于深入研究

从看似平常的教学事件中看到别人没能看到的内在联系，这是观察思考的结果，也是研究的开始。无论研究什么问题，关键在于能否深入进去，对一件事物研究得越深入，发现的问题和带来的思考就会越多，你就会有写不完的文章。例如在以往的课堂教学中，教师关注得较多的是教学过程的几个环节，而对某些教学细节往往重视不够，出现了对教学细节挖掘不深或错误处置等现象。俗话说，"细节决定成败"，通过对教学细节的深入研究，你会发现，细节虽小，却能透射出教学的理念和智慧，更能体现一位教师的实力和功力。课改实践表明，教师对教学理念的接受并不难，难就难在对细节的把握和处理上。因此，在平时的听课活动中，要转变忽视细节的倾向，善于发现和捕捉有研究价值的教学细节，哪怕是一个动作、一个表情、一句对话，都要进行一番研究，因为成功的教学离不开精彩的细节。从反常实验中发现。不放过实验中出现的反常现象，追踪到底，往往会有所发现、有所创新。

课程改革的实施，促使教师的角色由传授型向研究型转变。教师身处教育教学的第一线，掌握着很多第一手的研究素材，有着搞教育教学研究的巨大潜力。只要我们增强研究意识，把自己的课堂、班级当成自己的"实验室"，以研究者的身份进行课堂教学实践，全身心地投入到自己的每一个研究中去，勇于探索，敢于实验，就能实现由经验型向研究型的转变。

3. 善于自主学习

要成为一名研究型的教师，首先要做一名学习型的教师。以前说，"要给学生一杯水，教师要有一桶水"，现在又说，一桶水不够了，教师要有一条常流常新的河。不管是一桶水还是一条河，都要求我们的教师通过不断学习，来充实和更新自己的知识。特别是在当今课程改革的大潮中，只有不断学习教育改革的理论，努力提高自己的教育理论素养，才能走出实践的困惑和迷茫。

当然，教师的学习内容是多方面的，除了有关课程改革的理论外，还有教育学、心理学研究发展的最新成果，有学科新的专业知识，有适应新课程改革的教学技能，有信息技术等。学习途径也是多种多样的，有条件的可以直接向专家、名师请教，平时的工作中同行老师也是自己学习的对象，通过学习，取人之长，补己之短。报刊、书籍、网络等都是学习的重要渠道和途径，观摩、进修更是学习的大好机会。

这里要特别指出的是，一定要重视对教育教学理论的学习。教学实践需要理论的指导，写论文也是如此。理论是论文的灵魂所在，没有了理论，论文就没有了分量，缺少了力度。近年来，一些老师平时不注意教育理论的学习，申报职称时提供的"论文"尽是一些习题解析、复习资料，或是学科知识拓展之类的东西，文章缺乏理论性，不予鉴定也是情理之中的事。

《教育学》《心理学》《教学法》被师范院校的学生称为"老三篇"，是最能体现师范教育特点的"专业课"。但是，许多人做教师后都有这样一个感受，在大学里学的《教育学》《心理学》不是没有用，就是用不上。那么，《教育学》和《心理学》真的对我们的教学工作没有一点用处吗？经过几年的教学生活以后，如果我们再翻开《教育学》和《心理学》，那时才别有一番滋味在心头。原来我们在实践中积累的属于自己的"教育学"知识与学校中学过的某些理论是完全能够进行对接的，如果一开始就能够自觉地学习研究这些理论，用学到的理论指导教学实践，那么，课堂教学会更加有效，自己的教学水平会提高得更快、更高。

4. 善于积累素材

说到写作，有不少教师把它看作是一种负担，当成一件苦差。撰写论文原本就不是一蹴而就的事，它需要平时点点滴滴的积累。

作为一个教师，只要你认认真真、踏踏实实地做好教学工作，五年、十年，或者更长的时间，你必然会有或多或少的体会、感悟和经验。这些体会、感悟和经验，是你撰写论文所必需的原始素材，也是自己成长和进步过程中一笔不可多得的财富。为了不让这些财富无声无息地丢失，坚持记教学日记是最有效的方法。每天晚上，忙碌了一天的你可能已经十分疲倦，这时，如果你让自己慢慢地平静下来，把一天来经历的事情重新梳理一下，对教学中的一些有效做法或是遇到的难题，产生的困惑进行重新思考，也许有时只有短短的几笔，然而，天长日久，日积月累，若干年以后就可能为你撰写教学论文提供了丰富而真实的事实和依据。

当然，论文素材的积累是多方面的。听课记录、课后反思、学习心得是论文写作的好素材，看书、读报、交谈、观摩则是获取写作素材的重要途径。有时候，头脑中会突然冒出个什么想法，或发现一个很有价值的问题，很值得你一写的问题；有些问题你长期解决不了，可能在走路、乘车、吃饭时豁然开朗，找到了思路和答案，这些就是灵感。此时，你最好能马上把它记下来。因为灵感这东西，有时就是一闪而过，稍纵即逝，任你苦思冥想也想不起来，因此，善于捕捉灵感非常重要，也许你写作的成功就来自那瞬间的灵感。

5. 善于借鉴引用

(1) 从阅读刊物中得到启发

阅读刊物必须以平时教学实践中的钻研、思考为前提。思考形成思想，有了思想才能写出文章。在此基础上，多看一些教育教学刊物上的论文，可从中取得丰富的资料，更新观念和知识，扩大视野，拓宽思路，由此得到启发而创新。如结合自己长期积累的知识和实践经验，对别人的文章提出疑问，在疑问中寻求不同的思想、不同的理论、不同的方法，选取与别人不同的角度和思路去写作，写出刊物上常见的"也谈……问题"以及"对……问题的纠正"教学论文，这是其一；其二，阅读刊物可以激发或增强你的写稿动机。你一定有过这样的感想："教育教学刊物上的许多论文仅仅是一般性的归纳或某知识点的深化和拓宽，这些问题我也想到过。"或许还会产生点"不服气"。这种不服气之感既是启发也是教训。启发是，写教学论文并不是著大作，我们每个青年教师都能写出有见解的论文；教训是，在平时的教学实践中，我们要潜心教学研究，及时捕捉灵感、勤动笔头写教学随笔，日积月累方能说理道文。其三，阅读刊物能了解各刊物的特色、栏目内容、论文的格式及语言表达等写作上的问题，还能获得有关撰稿、投稿的一些信息，以避免稿件的相似性和投稿的盲目性。从身边事实中、从阅读教学杂志中发现。教师容易从中得到体会，但关键是归类总结，上升到理论的高度阐述，形成带一般规律性的结论。《中学生物教学》2006 年第 10 期刊登了石慧老师的一篇文章《善于借鉴》，读过以后深受启发。俗话说："他山之石，可以攻玉。"其实，借鉴不仅可以用在学科教学中，同样也可以用在论文的写作中。

(2)题目的借鉴

有时候文章写好以后，再回过来看一下文章的题目，总觉得比较平淡，缺乏新意。也许一时半会儿想不出合适的题目，这时，你不妨翻一些书籍、杂志，或许就有你满意的题目可以借鉴。

(3)论点的引用

写文章是一个反复琢磨和推敲的过程。一开始，你会觉得编写的提纲，拟定的论点比较全面、正确，随着研究和写作的深入，你可能会感到自己原先的提纲不是那么全面，论点也有偏差，有一种"山重水复疑无路"的感觉。这时候，你同样应该向书籍、杂志学习，看看同行老师们有哪些观点可以予以借鉴引用。

(4)资料的参考

文献资料。目前可以利用的文献资料中教育学专著，教育发展史料，教育教学专业刊物上的经验介绍和工作总结文章，自己或其他教师的教案，学生的作业和考卷，其他学科对教学研究有启发的资料。虽然写论文所用的资料一般是自己平时亲身实验记录和积累得来的，但是，为了论证自己的某个(些)观点，借用他人已有的研究成果，如实验数据、图片、结论等都是允许和必要的。当然，在文章的结尾处应注明参考文献的名称。论文写作过程中可以借鉴的方面还有很多，如文章的写作风格和技巧等。但是，可以引用参考不等于允许抄袭。只有经过自己的思考，具有独特见解的论文才是最有价值的。

6. 让写作成为教师的另一种生命形态

(1)写日记或随笔

搞教育科研，写文章，需总结回忆自己过去的有关情况，日记或随笔当然是最好的材料库了。我们在某个特定的时间，特定的教学场景中，脑海中常常会突发奇想，有许多崭新的理念和创意会不期而至，这些"灵感"比平时的思考要高明得多，倘不及时抓住，会立即逝去，时过境迁之后，再也不会忆起。为了超越自己，为了研究出更高效的教学方法，教师必须善于抓住这些"灵感"。这时写日记便是最好的办法。日记或随笔文体不限，可叙述、可议论、可描写、可抒情，也可两者三者兼而有之。刚开始，写几句话，时间长了，能力强了，便增到三、五百字。不要强求自己每天必须写多少字，最好有"灵感"就记，想法多，写一两千字；想法少，只写三、五十字。写日记有利于研究自己、改变自己。

(2)写博客

对广大一线教师而言，写博客可以总结教育教学经验，记录工作中生成的灵感，反省自己在教育教学中的不足。通过叙事式的流水记录，把一个个"教学故事"归类记录在博客中，便于今后的研究。因此，写博客可以促使教师向研究型教师转变。另外，教师们写了博客，会有许多志趣相同的朋友来阅读，大家互通有无，建立起一个社群，肯定好过闭门造车。在博客中大家尽可以敞开心扉，畅所欲言，对一个观点或赞同，或反对，在交流探讨中很容易撞击出新的火花。

(3)写教学反思

我们老师要注意平时积累，写教学反思是很好的积累方法。把自己所思所想，典型实例和数据记录下来，这是最活生生的素材，写教学论文必须要联系我们的教学实际。一线教师不缺乏教学实践，但也很容易陷在具体的经验里不能自拔。在每一节课后，如果发现哪里讲得不错，我们就应该赶快记录下来，这是课堂教学中的的成功之处，下一节课可以将它发扬光大；如果觉得哪里讲得不太好，我们也应该赶快记录下来，这正是需要认真思考和研究的问题，以便下一节课不致再犯类似的错误。教学后，我们要认真地写"教学后记"，这可以为写出高质量的论文创造有利的条件。正像叶澜教授说得那样："写教学反思实际上是对自己的备课及实施的总结。认真写三年教案的人，不一定成为优秀教师；但认真写三年教学反思的人，必定成为有思想的教师，说不定还能写出一个专家来。"因为"经验＋反思＝成功"啊！

四、巧妙选择好教育论文的材料

论文是由观点和材料组成的，观点来自材料的提炼，材料占有的多少、质量的好差，决定着论文的质量。因此，材料的选取极为重要。如何选材呢？

1. 善于合理分类

(1)根据来源分,有直接材料和间接材料

直接材料,又称第一手材料,是作者亲自从实践中获得的各种材料,包括从实验、观察、调查和研究活动中所形成和获得的材料。这种材料具有可信度、有效性高的特点。

间接材料,又称第二手材料,是他人提供或从文献中获得的材料。间接材料包括:名人的有关论述和有关政策;他人的成果,如查阅文献所摘录的研究方法、实验数据、观点、论述等。凡是引用了他人的材料或研究成果,都必须加以说明,注明出处。

间接的第二手材料,是撰写任何论文都必须具有的,因为科学研究是建立在前人的研究基础之上的。

(2)根据材料的性质来分,有事实材料和理论材料

事实材料包括具体的事例,概括的事实,统计数字,作者亲身经历、感受等。

理论材料包括前人的经典、至理名言,民间的谚语和俗语,理论知识,科学上的公理、规律,文献资料中作者的观点等。

(3)根据用途来分,有论据材料和背景材料论据材料是指论证过程作为论据使用的事实材料和理论材料。

背景材料是指研究课题所涉及的该领域已有的研究成果、正在研究的动态以及发展趋势等材料,它直接用作论据,但是选题所必需的,也是在结论中阐述研究背景所需要的材料。

2. 善于鉴别材料

一是鉴别材料的适用性。凡是能服务于中心论点的材料才能使用。

二是鉴别材料的全面性。文章中每一个分论点都要有论据材料,而且事实材料与理论材料要配比好。要善于使用概括材料、浓缩材料,精选典型材料。经挑选后留用的材料,既要够用,又要满足简明化、条理化、系统化三个方面的要求。

三是鉴别材料的真实性。必须核实观察、实验、调查、考察所得到的事实、数据,核实查阅报刊书籍、科技文献所得到的资料、例征,以免材料出现差错而影响论文的科学性。采用的第一手材料要有来历,搜集的第二手材料一定要与原始文献认真核对,以求得最大的准确性。同时对第二手材料要认真辨别,并不是发表了的论文中的材料都是真实的,有些事例、数据可能是伪造的,这样的材料就不能引用。

四是鉴别材料的新颖性。包括三个方面:一是近期才出现的新事物、新发现、新方向;二是事物本身就存在的,只是以前没有认识到,近期才认识其价值的意义;三是最近的数据及鉴别材料的典型性。材料的典型性是指这种材料对于它所证实的理性认识来说具有充分的代表性。

3. 善于选用材料

撰写经验型论文所需要的材料,一是经验材料;二是有关理论材料。经验型论文的特征是从好的经验中提炼出有理论支撑的观点、规律,而对观点、规律即论点的论证,既要有经验材料,也要有理论依据。

撰写研讨型论文所需要的材料,主要是"问题"的现状材料,分析"问题"的材料,以及为解决"问题"的"良方"材料。

撰写实证型论文,有关的调查材料或实验材料都要准备好。调查材料包括调查方案的设计材料(调查的起因或目的、调查内容、调查时间安排、调查的范围和对象、调查的方式等)和由调查而获得的所有文字材料。实验材料包括实验方案的设计(问题、假设、所用仪器、试剂、实验方法等)和由实验而获得的一切数据。

撰写经验型论文以直接的第一手材料为好,也可采用间接的第二手材料。

文献研究型论文是没有第一手材料的,只能有第二手材料。

不管是理论材料还是事实材料,不管是第一手材料还是第二手材料，都应符合以下要求：

(1)写在小处

一些教师写论文难以成功的原因之一，就是题目定得过大。一位朋友写的论文题目是《如何进行规范办学》，一看题目就知道太大。另一位朋友在教学中发现自己提的问题学生经常回答不上来，他又到别的班级中去上课，发现仍然出现了同样的问题。经过分析，他发现是自己所提的问题难度太大，学生还没理解的时候他就开始点名回答，所以学生就回答不上来了。根据这个内容，他写了一篇小论文，即《语文教师提问策略的思考》，结果在一家刊物上发表了出来。一线教师的教学任务本来就很繁重，可供自己支配的时间有限，选一些小题目写教学论文，是最切实可行的。

(2)写在新处

新颖，即新鲜，没有过时。市场上有新鲜蔬菜和不新鲜的蔬菜，你选购哪一种？商场里有新款衣服和旧款衣服，你选择哪一类？绝大多数人都会选新鲜蔬菜和新款衣服。在论文写作方面，编辑老师也是"喜新厌旧"的，只是，"喜新厌旧"在这里并不是一个贬义词。一位教师关注到预设和生成的关系，他发现过去我们的课堂以预设为主导，"课改"后以生成为主导。这位老师将两者结合起来论述，科学地处理了传承与创新的关系，撰写出《精彩预设，美丽生成》的论文。因为观点新颖，很快在一本杂志上发表了。

此外，还需具备以下几点。

真实：不虚假，来自客观实际。

准确：即完全符合实际，与论证的论点相符，两者之间存在着严密的逻辑关系。

典型：即材料能反映事物的本质特征，具有代表性。

必要：即不可少，缺此论证就没有说服力。

充分：即量要足够，必要的材料若没有一定的数量，有时难以论证清楚问题，即所谓"证据不足"。

第十章 教育论文的写法

一、教育论文撰写的一般步骤

教育教学论文的写作包括：写什么和怎么写两个方面。写作程序一般分为选题、收集资料、筛选资料、拟定提纲、结构文章、修改定稿等几个环节。

(一)定题选材(打算写什么)——注重实践性和针对性

1. 收集资料

论文的题材从哪里来？主要来自于自己的教育教学实践和本人的实际感受。我们在教学第一线，天天上课，天天与学生交往，只要做写作的有心人，题材很多。讨论或争论一个问题、听其他教师的课得到的一点启发、学生学习中存在的典型问题、对教材教法的一种见解等都是极好的写作素材。积累是提高撰写教育教学论文能力的有效途径。古人云："读书破万卷，下笔如有神。"积累离不开读书，读书要进行思考。积累和思考结合起来，就总有新的发现。处处留心皆学问，关键在于"留心"，做一个有心人。平时要注意广泛收集教学中的典型事例和报刊上的优秀教研文章，对针对性强、理论价值高的内容进行剪辑以备后用。与此同时，还必须深入研究所集的资料属于那一种类型，说明什么问题；那些问题还需进一步探讨和研究。在研究前人成果的过程中，受到启发，得到领悟，引出思考，从中发现规律性的东西，为论文创作提供重要的素材。

2. 筛选资料

选题确定之后，在调查研究、充分占有翔实可靠的资料的基础上精心选择主题所需要的材料。没有可靠的事实和科学道理，是说明不了问题的。事实材料要具体充实，典型有力，新颖吸人。

（二）立意定题（确定写什么）——注重明确性和新颖性

立意就是确定论文的中心思想，即主题。主题是作者对材料意义的一种判断，也是作者通过材料要表达的认识和对论文中所提出问题的总评价。它是论文的灵魂。主题确定了，文章的内容就要紧扣主题，突出主题，服务主题。主题确定以后定题名。

（三）谋篇布局（怎么写）——注重严谨性和技巧性

这一步的任务是设计论文的结构，确定层次顺序。通俗一点讲，就是先写什么，后写什么，构思一个总体规划或叫框架。具体操作就是列论文提纲。教育教学论文结构方式大体上有：并列式、总分式、总分总式、递进式、对照式五种。最常见、最常用的是并列式。各种结构方式在遵循一般规律的前提下，要不拘一格，灵活安排，做到完整完美。

1. 文章的语言修辞

一篇好的文章，除了要数据可靠，结论正确外，还要求它表达清晰、文字通顺，使人感到言之有理，易于理解和接受。如果文笔甚差，语言晦涩难懂，篇幅冗长乏味甚至杂乱无章，难以让人看懂，就起不到广泛交流的目的。因此，良好的修辞是每个撰稿者的基本功，必须掌握。我们写出的文章是让人用眼睛看的，要有庄重的风格，故而多用书面语而少用口头语。即使做理科文章，虽不能向文学作品那样，但也要行文流畅，音调和顺，读起来有节奏感。一篇好的文章，还要特别注重"简、明、实"。"简"就是文章写得少而精，围绕中心，可有可无的话不说，可长可短者尽量写短。"明"就是文章的主题要明，语言浅显易懂，要做到曲话直说，暗话明说。"实"就是文章内容要有实用价值，能对读者真正有启迪有收获，不可面面俱到大而空。

2. 结构文章

充实的内容需要完美的表达形式，需要完整的篇章。要使篇章完整，就得拟定写作提纲。写作提纲是一种由文字构成的序码逻辑框架，（如小学生在田字格内写字）它有助于作者考虑文章的逻辑构成，使之层次分明，避免重复使用材料。在论述过程中，道理要讲深讲透，事实材料要具体、典型。要注意周密性、严谨性，做到条理清楚、层次分明，言简意赅、通俗易懂，忌长篇大论。逻辑结构序码用得最多的是小写汉字数码和阿拉伯数字，最常用的层码是第一层：一、二、三等；第二层：（一）、（二）、（三）等；第三层：1、2、3等；第四层：(1)、(2)、(3)等。当然也可以用其他文字或字母表示。如果层级分得过多过细，容易使人产生烦琐的感觉，为避免这种情况的产生，可以不标出序码，而通过自然段来表明逻辑层次关系。框架确定以后，就要准确表达，表达要做到观点明确，语言简洁、精练，不烦琐。用文字表达，觉得繁难的内容，可以使用图表；行文中图和表要恰当地应用、巧安排，使文字、图、表有机地组合。图表最好安排在与文字相应的地方，有的附在文后。表中的数字必须反复核实，做到准确无误。图一定要让人易懂，绝不能故弄玄虚。

（四）撰写初稿——注重层次性和独特性

在准备好充分的材料，拟定好论文提纲的基础上，便可按论文格式和写作要求撰写初稿。具体要求是：

1. 即事论理（拿事说理）。教育教学论文属于议论文文体，议论性是最起码的要求，切忌干巴巴的条文列举和教学现象罗列，要着力提升议论的层次,从理论高度阐明自己的论点。最忌论证不足而妄下结论。好比法院断案证据不足不能宣判一样。

2. 突出主题。写论文最重要的技巧就在于使材料更集中,主题更鲜明。初写论文者要防止文不对题或离题太远。

3. 分清层次。论文不能烦琐冗长,东扯西拉。层次分明、前后呼应、首尾一贯、逻辑严谨是论文的基本要求。

4. 见解独特。高质量论文一定要有自己独特的见解。这就要求我们勤于思考、善于思考、敢于思考。跟在别人后面人云亦云,无论如何是写不出好文章来的。

(五)修改定稿——注重科学性和规范性

教育教学论文的初稿完成后要反复检查、修改,不要急于打印成文。一篇论文的初稿写出后,修改定稿非常重要。大凡文章写得好的人都十分重视修改环节。好文章是改出来的,一篇论文,从选题开始到初稿完成这一过程中,作者的思维都会处于一种循序渐进的扬弃状态,如果对初稿进行回顾反思,一定会有自己感到不满意的地方,会有新的发现,有需要补充的东西,所以一定要把修改当成论文写作的一项重要环节来对待:一是内容。内容要注意基本观点、写作意图是否表达清楚,所选用的材料是否有说服力,有没有前后矛盾的地方。二是表达形式。要注意各个段落是否完整,各部分之间的衔接是否合理,逻辑层次是否清晰,文中的各部分是否均衡恰当,用词是否精当,句子是否通俗简练,有无错别字,标点符号的运用是否正确,专业性术语普通读者能否理解等。进行段落修改时,先从段落整体写作内容上看是否符合全文主题;再从文字叙述上看是否对具体问题论述有遗漏和多余;从语言逻辑推理、专业术语上推敲是否正确得当;从字词选用上看是否确切;从文字语言顺序上读来是否流畅;从规范要求上标点符号是否正确,图形绘制是否标准。三是行文结构。修改一般是通读几遍初稿,然后依段落上下层次为序，逐步进行审查、修改。主要检查有无知识性错误、题目是否贴切、材料与主题是否统一、结构是否严谨、论点是否明确、论据是否充分、词语是否准确、行文是否规范，大多数老师不注意行文的规范。

行文应符合如下规范。

(1)结构格式规范；
(2)文字表达规范；
(3)标号标题规范；
(4)留空转行规范；
(5)符号图表规范；
(6)标点使用规范。

二、教育论文常见的三种类型及具体写法

如果从内容的角度对目前常见的教育论文进行分类（不包括课堂实录、案例设计、叙事类手记、教育散文等），大体上可以分为以下三类：方法型、观点型、随笔型。教研论文，顾名思义，是以论证和阐述为主的。上述三种类型的教学小论文虽然都要求以论证和阐述为主，但在具体的写作程式上，却又有明显的区别。准确把握这种区别，有助于我们更快地写好小论文，也有助于读者阅读理解。那么，这些教学论文各有什么重点和要求呢？

1. 方法型教育论文

这是一种介绍具体教学方法和经验的论文。在教学实践中，我们通常会摸索出一种新颖而有效的操作方法，探索出一些具有普遍意义的经验。任何一个有一定教龄的教师，只要稍微留意一下，就都会有自己的好方法和好经验。当这种方法和经验相对成熟时，就

可以通过总结和提炼把它写成教学小论文。这种论文的标题,通常是用《××的尝试》(做法、应用、实践、探索),或者是一个具有操作性的句子。比如:《鼓励学生走生活作文之路的尝试》《"自学——质疑——释疑"的阅读教学的应用》《用经典范读引领学生进入文本》等。方法型教育教学小论文的写作程式一般为:

(1)阐述运用方法的依据

为什么要运用这种方法?依据是什么?任何一种新颖方法的运用,不可能凭空捏造,总会有一定的背景。背景通常有两种:现实背景和理论背景。现实背景是指当前教学中的实际情况和客观存在;理论背景是指新的教学理论和思想。方法介绍之前,应该把它扼要地写清楚。写清楚背景,有助于增强论文的现实针对性,有助于增强方法的实用性。如果这种方法所涉及的概念比较冷僻,还有必要对概念作些诠释,以便让读者一读开头就能明白。

(2)介绍方法的实施过程

这是教育论文的重点部分,必须对方法作详细的叙述。介绍方法要根据具体情况,有的方法是渐进式的,有逻辑顺序,这就应该按逻辑顺序一步一步地介绍;有的方法是并列式的,没有严密的逻辑性,这就可以根据先主后次的顺序来介绍。在介绍时,小标题中不要用空洞的、玄乎的词语,也不要用表示结果的话来代替操作,要尽量用操作性的语言,直接写明怎么做。比如:"每学期向学生推荐三篇美文",如果换成"用美文陶冶学生情操",那操作性就大大削弱了。介绍过程时,最好用小标题,分条列项。如果操作步骤较多,在小标题下还可以再分几个方面来说。总之,方法的介绍要有层次性,力求让读者读起来方便。

(3)陈述方法的实施效果

一种科学而新颖的方法实施后,往往会取得理想的效果。作为方法型的教学小论文,有必要把效果陈述出来,以引起读者的关注。效果有显性和隐性两种,对显性的效果,能够用数据说明的,尽量用数据；对有些无法用数据说明的，可举例说明，选择一两个典型事例。陈述效果时，最忌讳的是光说些大而空的话，比如"提高了积极性，激发了兴趣"。用事实说话，让人心服口服，是这一部分的关键。当然，陈述的效果必须与实施的方法相关，不要把与本方法毫不相干的效果也扯上去。

(4) 陈述应注意的问题

某种方法在实施过程中，肯定会碰到一些想象不到的问题，比如本来以为某个环节很简单，实际上却非常复杂，或者本来以为学生很感兴趣，可实际上兴趣不大；有些方法在实施时，必须有充分的物质准备和心理准备等。这些，可能不会被注意。总之，某种方法在实施前、实施中、实施后要特别注意些什么，都要交代清楚，以免借鉴者走弯路。这部分陈述可简单些。处于教学第一线的教师，最喜欢看的就是方法型的教师教学小论文，因为它最实用，学了马上可以在自己的实践中运用；最容易写的也是方法型教学小论文，因为它来自自己的实践，都是自己曾经做过的和想过的，写起来比较顺手。如何使方法型教学论文上升到一定的理论高度，如何使介绍的方法更有普遍的指导性，这是写作方法型教学论文的关键所在。

2. 观点型教育论文

在教学实践中，许多教师通过不断地学习和思考，往往会产生一些新的观点和想法，觉得它对解决现实问题有一定的警示作用和指导意义，把它表达出来，就是观点型教学论文。观点型教学小论文是直接阐明作者观点的，常常用这样的句子形式作为标题《要……》《……是……》《应该（必须）……》等。例如《要特别注意培养低年级学生学习习惯》《教学设计应该简明扼要》等。观点型教育教学小论文的写作程式如下。

(1) 根据现状提出观点

观点总是通过对现状的分析提出来的，它是建立在事实的基础之上的，因此，可以先罗列一些现象，陈述一两个具体事实，然后从现象和事实中概括出自己的观点来。这里的现象和事实必须具有典型性，不是个别的、偶然的；观点必须是旗帜鲜明的，不要含糊其辞，当然也不能绝对化或极端化。例如浙江有位教师最近通过尚在使用的浙教版小学语文教材和将要使用的根据新课标编写的人教版教材进行比较后，写了篇教学论文，提出了自己的观点——中高年级阅读教学正面临着全新的挑战。这个观点建立于两种教材的比较，由于马上要使用新的教材了，因而有很强的现实意义。有些人，为了让自己的观点吸引人，用耸人听闻的语言形式来表达，这是不可取的。

(2)摆出依据分析观点

光有观点是没有说服力的，只有通过具体的论证，才会使观点站立起来，才能为读者接受。这一部分就是论证观点。论证通常有理论依据或事实依据。理论依据就是用逻辑思维进行推理、演绎或概括，常常要引用一些名人的观点作为佐证；事实依据就是摆出看得见摸得着的事实。一般而言，依据越充分，说服力越强。例如上文说的"中高年级阅读教学正面临着全新的挑战"这个观点，作者就是从如下几个方面来论证的：A.课内分量明显增加；B.课外阅读要求提高；C.课文理解难度加大；文本内涵丰富多元；D.知识分布松散无序。对这些依据，作者自然都作了详细分析，或举例说明，或用统计数字，或运用对比等。这一部分是此类文章的重点，它的篇幅应该占全文的三分之二以上。

(3)得出结论指出对策

经过详尽论证后，往往要有一段结论性的论述。这段陈述，可以是观点的重申，可以是主要观点的概括，可以是观点的延伸，也可以提出一些建设性的意见和希望，还可以提出一些新的思考。这段文字不必多，但必须集中、有力。观点型教育教学小论文是表达个人思想观点，特别是全新的观点，往往会有一部分人接受不了，这并不重要，也不要考虑得太多，关键是要能自圆其说。此类论文的观点必须鲜明，如果怕有不同意见而不敢直说观点，故意表达得含含糊糊，这是观点型教育教学论文的大忌。

3. **随笔型教育论文**

眼下，教育随笔的写作非常繁荣，应该说，这是一种很好的现象。随笔简短、随意、取材方便、形式活泼，写起来又不必占用大量的时间，十分适合处在一线的教师写作。随笔的写法灵活多样，似乎很难用一个固定的程式来概括，但通过大量阅读时下教育类报刊的随笔，我们还是可以概括出一些基本思路。或者说，这种基本思路是符合一般的思维习惯的。随笔类教育教学论文的一般的写作程式为：

（1）叙述事例引出想法

教育随笔往往是由一个具体事例作为由头。对这个事例的要求是：真实、生动、有新意。真实，就是事例必须是生活当中确实存在的，是自己所见所闻甚至是经历过的，而不是随意捏造的，或者道听途说的；生动，是指事例有一定的故事性，而且比较有趣，或者有经典细节的，可读性较强，不是那种平淡无奇的老生常谈；有新意，指的是事例能折射出某种新的动向、新的意识，或者是一种新的现象的端倪。事例的叙述应该简洁而不粗略，具体而不烦琐，不要用笼统的概括，也不要用细腻的描绘。事例是否具有典型性，在很大程度上决定了随笔的价值。因此，精心选择事例是写好随笔的第一步。引出事例后，就谈感受和想法。

（2）旁征博引深入分析

事例的内涵总是多元的，往往可以从多方面来思考，产生不同的想法，但在教学论文写作时，不能想到什么写什么，不能方方面面都写，而是要抓住感受最深的、最有新意的、最有现实意义的一点来展开。在这一层写作中，要注意以下几点：

A. 不要就事论事，只作简单的判断，说这个现象好或不好，简单的判断是容易的，但这是没有说服力的。

B. 要透过现象看实质，作深层次分析，挖掘出潜伏在现象背后的根源。例如有一篇《教学的尊严在于思想》的随笔，在举出事例后分析："有些教师太听话，他们规规矩矩照着课本教，他们不折不扣地按照参考书上说的办，他们把课本和教参作为绝对正确的圣旨，不敢越雷池一步。为什么会这样谨小慎微、唯唯诺诺呢？分析原因，大概有三：一是他们以为这样教就不会错，很保险，因为课本和教参就是这样，如果说错了，那也不是我的责任；二是他们以为这样教，就能有效应对考试，考试的内容总是课内为主，课外是没底的，课内是抓得牢的；三是这样做省力，课本和教参里现成的，拿来就可用，不用动任何脑筋，而且谁也不会说。"这个分析，实事求是，很有说服力。

C. 分析要旁征博引，要打开思路，从多方面简述，以增强文章的深度和广度。还是《教学的尊严在于思想》一文，在分析原因后，有这样一段引申和发挥："四百年前法国著名思想家、哲学家帕斯卡尔曾经说过：'人只不过是一棵芦苇，是自然界最脆弱的东西，但他是一棵能思考的芦苇。'因而他又说：'人的全部尊严就在于思想。'帕斯卡尔一生体弱多病，只活了39岁，但在身后却为自己留下了高耸的纪念碑。他的《思想录》给无数人带来心灵的慰藉。帕斯卡尔后面的这一句，粗粗一听，似乎有点不可理解，细细一想，却颇有道理：一个没有思想的人，一个被别人的思想牢牢控制的人，一个有思想却无法表达的人，还会有多少尊严？那还不是奴才！这里，我想冒昧地引申一下：教师教学的全部尊严也在于思想。一个教师想在教学上获得尊重，就必须有自己的个性和思想。一个没有自己教学思想的人，是不可能赢得学生尊重的，也是不可能赢得同行的赞赏的。"这段旁征博引，不但突出了立意，而且使论述更富有力度，同时，也增加了文章的生动性。

（3）照应开头表明态度

以事例为由头的教育随笔教学论文，结尾处一般有这样三种写法：一是照应开头，对事例作结论性的判断；二是表达自己的愿望和要求；三是强调和重申自己的观点。《教学的尊严在于思想》一文的结尾是这样的："思想是一种尊严。人最大的耻辱是不善于思考，最大的痛苦是思想被压制，有话不能说；人最光荣的就是自己的思想得到别人拥护。作为当代教师，不能只是传播思想，而是应该努力体现自己的思想，实践自己的理想。"这个结尾无疑是对自己的观点作了进一步的强调。在各种教育教学论文文体中，随笔型教学论文的写作是最无定式的。但随笔教学论文的几个特点是最为重要的：立意的新颖性，材料的生动性，语言的活泼性。

第十一章 教育论文的构思与提纲

■ 一、怎样进行教育论文构思

1. 什么是教育论文的构思

构思，是在写作目的确定之后正式动笔之前，对通篇文章的安排设计。教育论文的构思是教育工作者在一定思想指导下，对撰写教育论文全部过程所进行的酝酿、思索活动。构思实际上是一个如何认识和反映客观事物的思考过程；也是集中注意，活用感官创造性的精神劳动。

构思清楚、巧妙，写出来的论文才能布局巧妙，条理清楚，使论点鲜明，论据充分，论证有力，逻辑性强，学术见解深刻。反之，构思混乱，布局必然混乱，也就看不出论证的问题，作者独到的学术见解也会被淹没在紊乱的布局之中。因此，我们在撰写教育论文前，一定要好好地构思，把要论证的内容构出个轮廓，搭起个"架子"来。所以，构思的写作形式就是写作提纲。而增强构思能力又正是提高教育论文写作水平关键的一环。

2. 教育论文与教育经验构思的差异

教育论文的构思是通过发散思维，运用概念、判断、推理等方式，对确凿事实进行分析综合、抽象概括，达到对事物本质的认识，并在认识过程中用严密的逻辑推导形式论证其学术观点，使读者相信并接受这个观点；而教育经验的构思则是通过叙述做法，阐明观点，反映事物发展变化的因果关系，揭示教育效果获得的内在机制，并从各种表面的、全部教育事例的总和中找出规律性的联系，从而介绍经验，使读者相信其做法，学习这种经验。

3. 教育论文构思的过程

(1)构思是一种"预见"。作者应对教育论文中的论题(中心论点)、标题、基本素材(论据)、结构布局、表达方式(论证)、基色格调有一个通盘的设计。这个设计应是由中心论点所决定，循着提出问题(论题)，进行分析与论证；推导出结论的线路展开，体现逻辑思维的特点与要求。

(2)构思是一种"发现"。教育论文是作者对教育科研课题的新见解。是要善于发现并提出新的问题和解决新的问题的可能性。一篇论文水平的高低，在很大程度上取决于论点有无意义，有无真知灼见，有无新的突破。构思就要善于在对大量材料进行分析的过程中做到有所发现，向人们展示某种新观点，揭示某种人们所不知晓的道理。

(3)构思是一种"内视"。就是要通过作者敏锐的视觉、触觉，把自己对教育上某一问题感受最深、最新的观点，用心灵的眼睛透视出自己所要论述的问题。

(4)构思是一种"凝聚"。它是作者在平时有意无意地观察中，把自己在教育、教学实践活动中的观察、体验以及对于事实、事件、人物、图景的感受凝聚在一起，为今后分析、提炼，产生出自己对论述题材的新思路做准备。

(5)构思是"溶解""分化"。它是作者把已经凝聚在自己思想仓库中对教育的感受，通过发散思维，按自己新的观点加以提炼、选择，并与新补充的材料围绕着自己新的论题重新凝聚、化合的思维活动。

(6)构思是贯穿撰写教育论文过程始末的思维活动。它包括认真仔细地看(即"凝视")，并全神贯注地想(即"揣摩")，还要用语言在心里描述(即"默述")。它是萌动撰写论文欲望的基因，它是孕育论文的"胎衣"，它是迎接论文诞生的"产婆"。

4. 教育论文构思的要求

(1)在构思中要运用谋篇，紧扣中心论点。构思，实际上是对中心论点论证过程的谋划。因此，构思就应以论证中心论点为出发点，使构思诸方面都服从中心论点的需要。要做到殚精竭虑，胸有成竹。

(2)在构思中要注意有新意。撰写教育论文要写自己独到的见解，"扩前人所未发"，而不要去"阐前人所已发"，这样才是有价值的学术论文。要提倡"双百"方针，智力碰撞，强调别出心裁，写出新意。要变换角度求新意。要尽量摆脱通常立意的羁绊，善于从人不经注意之处，开拓和选择立意角度；要巧用灵构思出新意。要巧用构思对教育上原有的观点、材料给以恰当的、新鲜的解释，就可以有新的突破，求出新的立意，收到"点石成金"的效果；要深入分析得新意。要抓住教育上一些带根本性的问题，深入分析，开拓新意。

(3)在构思中要选好论题，确定论点。要探寻最深刻、最新鲜、最为当前教育、教学所迫切需要解决的、重大的、有代表性的问题。因此，在构思中能做到"新"（立论新）、"深"（思想深）、"巧"（内容布局巧妙）、"活"（论证方式灵活），这将决定着一篇论文的价值和作用，体现作者的理论修养、认识程度、创见能力和学术水平。

(4)在构思中要把握构思技巧，提高构思水平。要巧炼论点，理清思想脉络；要审视与选取材料，精练、得当；要在充分分析的基础上为进行严密的论证，安排好互相联系的各个部分；要为精练语言并运用好语言做好准备。

5. 怎样进行教育论文构思

(1)要确定中心论点，对整个谋篇布局作全面周密的考虑。要按中心论点的要求来考虑全文结构，分几个部分，有哪几个分论点，怎样安放、接转、论证。

(2)要根据中心论点和分论点取舍安排材料。要按中心论点和分论点的需要对材料进行整理（审查、修整、摘要、补充、鉴别、分类），使材料简明化、条理化、系统化，有助于构思；并按照论文的逻辑，确定其材料的"位置"。要让中心论点把分论点和作为材料的事实、数据统率好，让分论点和材料通过有力的论证方式，把中心论点很好地表现出来。

（3）要善于运用创造性思维方法（发散思维、聚敛思维、正反思维、立体思维）进行构思。撰写教育论文难就难在构思上。要排除"拦路虎"就得拓开单一的思维模式，广开思路。即对入选的材料进行多角度的分析。即使是同一材料，也可发掘不同的观点、意义，使材料更真实、更典型、更富有新意，作者的独到见解得到更充分的显示，论述的内容也将变得更加深刻。

6. 教育论文构思方法举要

在教育论文构思中运用多向思维是进行创造性思维的重要形式。它要求发挥思维的活力，对所研究的某一教育论题做多方面的考虑、分析，而不局限于一种模式、一个方面。在教育论文的构思中，多向思维的具体运用大体有这样两种情况。

一是处理材料时运用多向思维。具体表现在对感知的教育现象作多角度、多方面的分析，从而"散"出众多新颖、独特的见解，从许多可以评述的观点中去选择自己感受最深、最满意的内容来写；从中找到最佳的立意角度，这样也可以避免人云亦云、观点平庸的弊端。

请看下面这一事实（这段材料）并进行思考：

目前，一些学校学生既无工可勤，又无学可俭，学校从"清水衙门"变成了"破墙开店"，一个门口两块牌子：一块校牌，一块店牌，书声琅琅中还间有商店的嘈杂和机器的喧嚣，有人捶胸顿足地感叹"我执教50年，没听说小学办旅馆"；有人忧愤"老师课余去卖汤圆是中国教育的悲剧"；有人呼吁"国家赶紧大力度增加教育经费，救救教育"！

根据上面这一事实(材料),从多角度、多方面地去进行分析,就可以"散"出众多新颖、独特的见解,概括出不同的"意"来:

(1)创收作为一股不可抗拒的潮流已出现在中国教育领域之中,成为社会主义初级阶段教育的一种特有现象了。

(2)学校创收问题,是我们社会主义初级阶段国情所使由。

(3)创收,教育的必由之路。

(4)创收,使教师"安居乐业"、"校富质高"。

(5)问题不是要不要搞创收,而是不可能不搞创收。

(6)创收给学校带来了新的生机。

(7)趋利避害,使创收走上健康发展的道路。

(8)校长的办学方针是八字方针:"教育有方,生财有道"。

(9)学校的创收是痛苦的抉择,也是必然的抉择。

(10)创收引起的忧虑。

(11)校长姓"钱"还是姓"教"?

(12)在价值观念上与固有的道德观念冲突。

(13)教师的形象受到了挑战。

(14)过去"两袖清风一身粉笔末"的"夫子",现在要操起或准备操起"第二职业",起而谋利了。

(15)学校应由事业型转变为企业型或事业企业混合型。

(16)校长不应只是教育家型,而应是企业家型。

(17)学校的"生产自救"实在是不得已而采取的对策。

(18)国家教育经历充足——学校无须创收——教师不必去卖汤圆。

(19)国家教育经费不足——学校就得去创收——学校创了收教师就可以不去卖汤圆。

(20)国家教育经费不足——学校也不去创收——教师只好去卖汤圆。

上面这 20 个论题,都是根据同一材料进行多向思维发散出来的。这样去思考问题进行立论，就可以避免单向思维所带来的命题单一、论文无新意的现象。

二是对教育论文的命题或要阐明的观点作多向思维。使论证的内容深刻而全面。一般要论述一个观点，可作"多向"发散，从"是什么""怎么样""为什么""怎么办"几个方面去思考，以使论证的内容更全面深刻。如下面这份提纲。

浅谈片面追求升学率的问题（提纲）

1. 片面追求升学率的具体内容（是什么）：

以升学为目标，对口升学培养人才。

2. 片面追求升学率的状况（怎么样）：

学校一切围绕升学"指挥棒"转，把师生的注意力和学校工作的着重点引向追求高分，追求升学率。放松德育，片面抓智育；重视书本知识，忽视能力培养。

3. 造成片面追求升学率的原因（为什么）：

(1)分析"片追"原因：有学校的、家庭的、社会的；有教育内部的、外部的；有教育思想上的等。

(2)分析弊端和后果：说明要克服片面追求升学率的理由。

4. 解决办法（怎么办）：

(1) 要明确培养目标，端正办学指导思想。

(2) 教育行政管理部门不能给学校搞排队施加压力。

(3) 要大力发展职业技术学校，加快中等教育结构改革的步伐，广开就业之路。

(4) 改革完善高考制度，做到"全面衡量择优录取"，而不要"择分"录取。

(5) 要使社会和家长对"人才观念"有一个新的看法，克服那种"考上大学成龙，考不上大学为虫"的错误观点。

如果我们论证"片追"的论题，能从以上四个方面"多向"去思考，就有可能使论据更充分、全面、深刻。总之，以多向思维形式分析情况或论题,能广开思路,找到最佳的立意角度,并使说理深刻透辟。但作"多向"发散时,必须注意:对情况的分析角度应该多,但最终立意必须集中,不能搞"杂烩";立意求新、求深,但必须以能真实反映教育的本质为原则,不可任意拔高,或违背教育规律。创造性思维在教育论文构思中的作用是很大的。特别是当前教育正在从自我封闭、僵化的状态中寻求一条改革的新路,我们更应积极开展教育科研,在教育论文构思中进行创造性思维。运用创造性思维能开拓思路,使构思新颖、深刻,克服"八股"文风。但"发散"与"收敛"必须结合。开拓思路都靠"发散";但教育论文论题的中心和论证的方向却靠"收敛"。要做到"散"而不乱,"收"而不死,才能构思出好的教育论文来。

■ 二、怎样编制教育论文的写作提纲

写作提纲,实际上是在构思中由序码和文字所组成的一种逻辑图表,是论文的间架结构、内容、思路的蓝图。提纲能为论文的写作提供文路和线索,使论文首尾贯通,通篇一致,重点突出,并围绕中心(论题)逐层展开论述,推敲各部分之间的逻辑关系,以便更有力地、更有效地进行论证。

1. 编制写作提纲的总体考虑

(1)立论:教育论文的论点是作者对研究课题的新见解。确立论点,首先要确立全文的中心论点,然后再确立阐述中心论点的分论点,并考虑用何种方式、从何种角度提出;论点最好用论点句来表述,即用一句言简意赅的话,把想好的论点书写出来。

(2)选材:为了证明文章提出的论点,将搜集的材料进行整理选用;选用那些有新意、有典型性、有魅力的、能证明观点的材料。

(3)布局:为了阐述和证明论点,需设置哪几个部分,每个部分

负责什么样的任务，每一部分下又需设哪些段落。

(4)谋篇：如何开头，怎样收尾，何处提领，哪里分述，上下如何衔接，前后怎么呼应。

(5)协调：论文的若干组成部分如何做到匀称，文字如何做到疏密恰当。

2. 编制写作提纲的方法

提纲可以写得详细一些，也可以写得简明一些。简明提纲只列出每一部分、每一层次、每一段落的要点。要点用主题句的形式标出来。详细提纲则在要点下面列出比较具体的内容。一些地方关键性的话如何说，例子如何用，分析如何展开，论述中应注意些什么问题，这一切在构思中已经考虑到了，在提纲中就应体现出来。详细提纲对初试写作者是大有好处的。

3. 学术论文的"三论"

学术论文的构成，不可能也不应该是千篇一律的。因此，我们不能规定教育论文，只能这样写，不能那样写。然而，我们从众多的成功的实例中，毕竟还是可以概括出通常运用的基本型。

学术论文的基本型，分为绪论、本论、结论三部分。

绪论——要简明扼要，有吸引力

绪论是论文的开头，这一部分文字不能太多。要提出问题并交代问题提出的背景，以衬托问题的重要性；要说明研究课题的价值、意义，有助于读者领会其学术观点；要简述论文是为解决什么问题而写的，以使读者作为选读的依据；要说明研究范围、特点，概括本论文的精髓，以利于读者在读正文前就对论文的精华有所了解。当然，这几个方面不是样样俱全。

(1)"开门见山"提出论题的绪论

如：简论教学语言的最优化

正确使用教学语言是教师从事课堂教学的起码条件，优化自己的教学语言使自己的教学语言有高度的艺术魅力和审美价值，是广大教育工作者努力的方向。

又如：增强引导学生分析课文的启发性

学生能否对课文进行深入的分析，关键在于他们的思维是否处于积极状态。而学生思维能否处于积极状态，想什么和怎么想这两个问题学生能否解决好，和教师的启发、引导、指导有密切的关系，因而，启发、引导学生分析课文的教学水平，是至关重要的。

(2)引用材料引出论题的绪论

如：加强学校德育的战略意义

江泽民同志在庆祝中华人民共和国成立四十周年大会上的讲话指出："各级各类学校不仅要建立完备的文化知识传授体系，而且要把德育放在首位，确立正确的政治方向。"这是对新中国成立以来，特别是党的十一届三中全会以来对教育工作的经验教训的精辟概括。"因此，大力加强对青少年的德育工作，是关系到培养无产阶级革命事业的可靠接班人的战略任务。"

又如：谈谈在语文教学中培养学生的想象力

爱因斯坦说过："想象力比知识更重要，因为知识是有限的，而想象力概括着世界上的一切，推动着进步，并且是知识进化的源泉。"什么是想象力呢？它是一种在表象的基础上形成新形象的认识能力……我们应凭借教材内容，联系学生生活，根据学生的心理特点，在语文课内外教学活动中，有目的、有计划地培养和发展学生的想象力。

(3)介绍情况、交代背景的绪论

如：一题多用的例题教学

如何进行数学例题教学，仍是当前数学课教学中亟待解决的问题。目前中学数学教学中"题海战术"现象在某些地方仍十分突出，为克服此现象和大力提高课堂教学质量，必须加强和改进数学例题教学。

又如：试谈市场经济条件下的德育

社会主义市场经济的确立和发展，为学生将来成才和施展聪明才智提供了良好的条件和更多的机会，优胜劣汰的竞争意识，求实创新的奋发精神，开拓进取的人才观念，各显神通的谋生手段。对中小学生无疑加以潜移默化的影响。从某种意义上讲，学校、家庭、社会自然形成一种教育合力，自觉不自觉地引导青少年学生面向现代化、面向世界、面向未来。市场经济对德育工作的正效应显而易见。

但是，在社会主义市场经济体制还很不完善的初级阶段，它给德育工作也带来一时让人困惑的负效应。学生耳闻目睹，似乎一切都在讨价还价，到处都有尔虞我诈，人人为钱而努力。面对现实，我们要研究对策，兴利除弊，积极进取，方能开拓德育的新局面。

(4)揭示要点，概括全文的绪论

如：试论社会主义初级阶段基础教育的五个"化"

在社会主义初级阶段，要使基础教育为发展社会主义生产力服务，必须在社会主义初级阶段理论指导下，加快和加深基础教育改革，实现基础教育基础化、地方化、现代化、多元化和个性化。

又如：平面几何的设问构想

要提高平面几何课堂教学质量，必须创设良好的教学情境，而恰当的课堂设问正是良好教学情境的有机组成部分。设问除了要注意其思考性、准确性、可接受性和新鲜感外，更重要的是应去探索怎样设问，在什么知识点上设问，本文就平面几何教学谈谈自己的拙见。

本论——要充分展开，要合乎逻辑

本论是教育论文的正文，是它的核心部分。本论部分应逻辑严密地表述出作者课题研究的成果，并加以充分的展开和阐发。

(1)要遵循"论点显明"原则。在显著地位提出自己的论点，展示自己富于新意和富于创造性的教育、教学研究成果。而不应将这些闪光的东西淹没在琐碎的论述和琐碎的材料之中。

同时,要充分运用段中主句(即本段中心句)显示段旨。段的中心意思是段旨。全段是围绕着这个段旨展开的,又是为阐述这个段旨服务的。段中主句通常放在段首。作者把握它,可以避免段的不统一和段中的观点发生变化,也便以它为中心展开论述;读者也能从段中主句里领会本段中心,把握本段要点。

(2)要使中心论点统率好分论点,分论点紧紧围绕中心论点。中心论点是论述的中心,是教育论文中居统率地位的观点,分论点是从不同的角度、不同层次支持、证明中心论点的观点。相对于中心论点说,它们又可看作是论据。为了阐明中心论点,写作中常常将中心论点分解成几个受它支配、为它服务的分论点。因此,必须围绕中心论点,组织好分论点。

分论点本身要求观点鲜明;分论点之间应逻辑严密。如《防止"期望效应"中的"高山反应"》,作者初稿的四个分论点是:"期望目标要适度";"期望目标的心理要自我满足";"优化期望环境";"期望技巧和艺术的合理运用"。后来,作者在反复推敲后定稿时其四个分论点改为:"提出适度的期望目标是使学生保持正常学习心态的首要条件";"正确引导学生的心理需求是使学生自我意识得到满足的重要途径";"优化期望环境,形成优势互补,是防止'高山反应'的主要方面";"正确应用'期望效应'并充分发挥其积极作用"。这么一改,观点鲜明,逻辑性强,论证有力。

(3)要处理对"分述"和"总述"的关系。既要有分述,又要有总述。分述有利于化整为零,对问题的各个局部作透彻的分析;总述有利于化零为整,从整体上把握对象。分述是总述必不可少的前提和基础,总述则是分述"水到渠成"的总结和概括。

(4)要以严密的逻辑性把推论出科学结论作为最终目的。论证层次要有严密的逻辑性。论点和论据的联系,论述的先后次序,文章的层层推理,这些都要根据事物的内在规律,并考虑论证的力度来组织安排。要做到纲举目张，环环相扣，使观点和材料有机地、富有逻辑效果地统一起来。

本论的安排一般有如下几种形式。

并列式——即指各个论据（分论点）间的关系是并列的，也即围绕一个中心把几个有关的论据（分论点）分类排列，逐一论述。

例如《低质阅读教学中的辩证唯物主义启蒙教育》，在本论部分，首先提出了阅读的"训练价值"和"教育价值"；在"教育价值"中又提出了"共产主义道德品质教育"和"辩证唯物主义启蒙教育"并指出前者是培养学生"高尚的思想情操"，后者是帮助学生学习"科学的思维方法"；"如果不及时帮助学生学习掌握科学的思维方法，他们就不能真正凭借书面语言间接地认识事物，培养高尚思想情操的目的就会随之落空"。接着提出了中心论点，并从五个方面分别进行了论述。

递进式——即指各论据（分论点）之间的关系是递进的，它们的位置不能互换，论证时步步紧逼，直到得出结论。

如《加强学校德育的战略意义》就是这样的形式。它肯定了"我们学校的德育的任务是对学生进行思想教育、政治教育和道德教育，即用无产阶级的思想政治观点和社会主义、共产主义的道德要求教育学生，使之成为有理想、有道德、有文化、有纪律的无产阶级革命事业的接班人"。接着，便提出了"大力加强对青少年的德育工作，是关系到培养无产阶级革命事业的可靠接班人的战略任务"这一中心论点。然后，作者从四个方面进行论证："（一）全面贯彻教育方针，把德育放在首位，这是解决育人的根本方向问题；（二）培养造就有理想、有道德、有文化、有纪律的一代新人，必须从加强青少年的德育工作抓起；（三）加强青少年的德育工作是搞好我国社会主义精神文明建设的一项奠基工程，对于提高我们的民族素质有着重要的战略意义；（四）加强学校德育工作，关系着党和国家的前途和命运，关系着社会主义现代化建设事业的成败。"以上整个论证过程一步比一步深，后面的一个分论点是在前一个分论点的基础上展开的，环环紧扣，步步紧逼，论证十分有力。

综合式——即或以"递进式"为主，在论述过程中又局部采用"并列式"；或以"并列式"为主，局部采用"递进式"。论文中往往是"递进"与"并列"交叉进行、多重结合的。

总分式——先提出中心论点，然后运用不同的论据从几个方面或确立几个分论点来加以论证，这种结构式叫总分式。

例如《从整体着眼，有序培养小学生的优良阅读品质》，在绪论部分就总的提出了"小学生优良阅读品质的培养应该循序渐进，逐步提高。在低年级，应着重培养良好的阅读卫生品质；中年级应着重培养学生阅读的自觉性和阅读的注意力品质；高年级应培养学生的深入性和阅读的广阔性品质。这样，小学生优良阅读品质培养就形成了一个序列"。接着，在本论部分分别从"低年级培养小学生阅读的卫生品质"、"中年级培养小学生阅读的自觉性和阅读的注意力品质"、"高年级培养小学生阅读的深入性和阅读的广阔性品质"进行了论述。

在论证中，还应注意以下两点。

一是过渡衔接。论证过程中随着层次的展开，中间环节的出现，间接论据的运用，使论文的内在联系变得比较复杂，有些论据与论点的关系比较隐蔽，这就需要必要的内在衔接，使复杂处清晰，隐蔽处显露，以达到连贯思路、承上启下的效果。

二是有时需要用说明的方法，比如在论证中。不易了解或易生误会的地方，就必须加以解释；有时也需要用叙述的方法，比如叙述别的人或自己的主张等，但无论是说明或叙述，都必须能直接地或间接地起论证作用。

本论部分内容多，为求眉目清楚，往往要使用不同的序码，有时候还要加小标题。

结论——要干净利落，不拖泥带水

结论是教育论文收束部分,是整个研究过程的结晶。这一部分应在本论部分立论和论证的基础上,水到渠成般地自然引出结论。

(1)结论应与本论部分的立论相一致。它是立论在得到证明之后的自然归宿,是从本论的基础上得出的。两者之间应当有紧密的内在联系,而不应脱节。

(2)结论对本论部分的主要学术观点作科学的概括,而且应不厌其烦地重复。

(3)结论的写作,要措词严谨,逻辑严密,文字具体。

究竟怎样引出结论呢?

在构思里提出的论题不过是一个抽象的判断,通过本论部分的论述,它就丰富得多了,结论就在此基础上概括、总结、提高。

结论部分是在本论部分论述的基础上又大大地概括了,大大地提高了,更集中地显示了作者的独特见解。

在结论里,作者还可提出本课题还需进一步探讨的问题和对今后发展的展望。

应当说明的是,教育论文的写法应该根据内容的需要,只要能通过富有逻辑的论证,阐明学术观点及其创新见解,怎么合适就怎么写,我们不能把写论文看作有一成不变的公式。

第十二章 撰写教育论文应注意的问题

■ 一、选题要适当

　　选题是否适当，直接关系到学术论文的价值大小和写作的成功与否。因此，确保选题没有毛病，应该是论文写作首先要考虑的。一般而言，在有研究价值的前提下选择较小的题目。小则容易出新，容易写实、写好。而有的中小学教师往往喜欢大的选题，如《论我国的教育改革》、《新课程背景下小学语文教学的思考》等。这些选题就太大，涉及范围太宽泛，论文的正常篇幅根本容纳不下，即使勉强完成，也难以阐述清楚，往往流于空泛。有些大题目，则可以分成几个小题目来写，使论点更明确、内容更集中、论述更深刻。不要动不动就是素质教育、均衡化之类的，而是应该从学校教育教学的实际出发，把素质教育、均衡化这些宏大命题具体化。其次，不要求全、求大，一篇论文不可能穷尽所有问题或一揽子解决所有问题。论文不是一个筐，什么东西都往里面装。比如德育研究，现在人们常常强调人与自然要和谐发展，强调生态伦理等，但教师们往往泛泛而谈，论文价值不大。其实，可以选择几个文本进行对比分析。如新课程语文教材中删去了《手套》一文，因为文章写主人公打死熊，文末用熊皮为爷爷做了一双手套。文章强调的是战胜自然，动物为人所用，而不是人与自然和睦共处，显然不符合现在的理念。教师可以寻找几篇这样的被删除文章，并找几篇现在新选入的课文，分析对比其不同处，从而论述文本体现的价值观，生态伦理观的不同，谈自己在教学中如何运用这一结果，让学生真正理解人与自然要和谐发展。这样切口小，有实证研究，又结合自己教学实践的文章才是有价值的。我们并不一概反对选大题目，只是就当前广大教师的实际情况而论，因一般教师难以集中很多的时间、精力来搜集资料，研究、撰写题目较大的文章。

怎样才能做到从小处入手、以小见大呢？

第一，教师写论文应避免急功近利的心态。教师的论文不是教育理论的"高端"发现，而是要强调教育理论的"终端"运用和结合实践的创新。而要注意观察和思考自己的日常教育、教学工作，从中发现研究的问题，因为课堂是教师最好的实验室。教师要善于独立思考，打破思维定势，不人云亦云，不迷信专家，这样才会有创新。

第二，可以对选题的研究范围进行限制，或者从纵向上来截取，或者从横向上来摄取。如《教师队伍的管理和建设》，这个题目就太大了，难以写好。因此，广大教师应该根据自己的教育实践，选择一些小的题目进行写作。如《中学数学教研组管理初探》，这样的题目比较小一些，容易写好。

二、论证要清晰科学

观点是论文的灵魂和统率。一篇论文如果在观点上有失误，立论的根基不稳，其价值如何或有无价值，就值得怀疑了。论文在观点上容易出现的毛病主要有以下几种：基本观点错误，论文从总体上站不住脚；观点偏颇，未能客观全面科学地认识问题；观点不够鲜明，要说明什么心中无数；观点陈旧，人云亦云，毫无新意；思想空泛，认识肤浅，缺乏深度；观点与材料不合，论点论据不够和谐统一；观点自相矛盾，前后说法不一。

列小标题无论对读者阅读，还是作者本人写作，都有指导作用。建议基层教师写论文要先列小标题，一篇论文分成几块来写，做到心中有数。小标题最好是句子而不是短语，至少二级标题必须是句子。因为短语的意思是不明确的，跟着短语写会跑题。只有把小标题列好了，才能保证在组织文字的过程中，能紧紧扣住文章的主题和结构。如一篇《写字教学断想》的文章，总共谈了三个观点。这三个观点是：(1)重视教师的写字基本功；(2)平时写字要有练字的意识；(3)抓好"一寸"是关键。这位教师将其概括为：(1)打铁还得自身硬；(2)提笔即是练字时；(3)牵牛要牵牛鼻子。

谈问题一定要把握好分寸，要有分寸感，注意避免片面性。不要把话说绝对、说过头。常会见到有的文章对所要阐释的问题、方法、意义或作用等强调到不恰当的地步。如论述培养发散思维，就一味突出其重要性，似乎只有这样做才能培养学生的创造性，只有这样才能体现先进的教育思想；同时又贬低其他，好像求同思维和它是对立的，是传统的落后的教育思想的产物。再如谈到多媒体教学时，就无限地夸大其作用，好像它把教学的规律也改变了，只有这样才显示了教育的现代化。写教育论文，同样不能靠贬低其他来抬高自身，切忌抓住一点、两点而不及其余。

■ 三、行文要有个性

首先要求语言准确。准确就是要符合客观实际情况，做到没有差错。准确是从总体上要求语言讲求科学性和逻辑性，能准确地表达论文的内容和思想感情。论文中用词和造句必须恰如其分地反映事物的本来面貌，并能如实、贴切地表达作者的意图和思想感情。行文切忌套话连篇，尽量避免使用过于口语化的语言，第一，要明白，可以使读者少用精神去猜；第二，要简洁，可使读者少用时间；

第三，要生动，可以给读者留下深刻的印象，让读者或评者乐意读下去。常见的毛病有：(1)表达不明白，特别是引用外国资料时，译文不通顺，晦涩难懂。(2)烦冗。随便用词、意思重复，啰唆冗长。这往往在长句中容易出现。句子一长，主、谓、宾语句子的主要成分就会淹没在次要成分的堆砌中，使人如坠雾中，难辨其向。能少说一句话就少说一句，能少用一个字就少用一个。同样的内容，用很少的文字就可以表达出来，不仅节约用字，使语言更加简练，而且还会使文章避免平铺直叙，富有艺术魅力。

作为一个教育科研工作者，听课过程中会发现一些问题，对这些问题再做进一步的思考，或努力寻找解决这些问题的办法或措施，把它写下来，就是一篇论文。像《语文教师应该如何听课评课?》《向前一步，再向前一步》等都是从听课中来的。二是从备课中来。在备课时研读教材，会有自己的心得体会，把它写下来，也是论文。比如上公开课在备课时，对教参中《夏》的教学目标定位有不同的看法，就把它写下来，后来就成了一篇《〈夏感〉应该让学生"感"什么?》发表在《学语文报》上。三是从课堂中来。有时课堂教学中呈现的精彩片断把它记录整理下来也是一篇不错的文章。比如在执教《月迹》时，课堂上学生对画面概括了一个精彩的生成片断，把它整理记录下来，就成了《一枝独秀显风采，万花竞放馨远扬》的论文。四是从读书中来。作为教师会经常读一些专业杂志和教育教学专业书籍，读过之后，有些心得把它记录下来，也可能成为一篇论文。

虽然老师们都有自己的教育、教学生活，但是真的拿起笔写论文的时候，仍然觉得没有素材可写。这是什么原因?

写论文关键要做生活的有心人。首先是要敢于思想。文章首先得有自己的一些想法，用书面语就是要有自己的思想，一个人如果没有自己的想法，想要写出文章，那是不可能的事。为了写文章而写文章，东抄抄，西摘摘，固然也可以拼凑出一篇所谓的文章，但那根本不能叫做文章，只能叫做拾人牙慧。当然，想法自然也不是凭空而来，而是来源于平时的读书，来源于对平时教育教学工作的观察、思考和实践。

四、要注意"五有"

1. 要有所感悟

实际上是教育论文要写什么的问题。目前存在一种现象，要评优了，要评职称了，教师们才想起要写篇论文，内容却不是自己教育教学工作中的感悟和自己的研究成果。比如，拿来时下比较流行的理论当作"帽子"，然后给一些实际的例子戴"帽子"，结果就会出现几种情况：第一种是"帽子"太大，显得头重脚轻；第二种是"帽子"太小，给人"遮不住"的感觉；第三种是给戴错了"帽子"，出现张冠李戴的现象。当然从网上下载或是从报纸杂志上剪切、拼贴而成的论文就更不属于科研论文了。说写论文要有所感悟，就是说论文的内容应该是自己在教育教学工作中的内心感悟，是对教育理论的感悟，是对教学行为的感悟，是真正在实践中悟出来的道理，可以是经验，也可以是教训。

2. 要有所升华

教育论文不同于工作总结，要把感性的东西上升到理论高度来分析，要做出科学的结论，要把教育的现象和问题，运用现代教育理论做出分析，得出带有普遍指导意义的、规律性的东西。如果只是把自己教学当中的一些做法罗列出来，不做理论上的分析，还不能算是科研论文。但有些文章也想做理论上的分析，但理论和实际脱节，造成"水油分离"的现象。论文要有所升华，并不是理论与概念的堆砌，也不是给实例冠以某种理论的头衔。

3. 要有所创新

教育论文是反映自己新的观点、新的探索的文章，是对尚未解决的问题以新的观点、方法进行探讨、寻找新的解决途径的阐述。创新性是贯穿教育论文始终的一条线。一方面是探索新问题的解决方法，比如探讨当前教育改革的发展趋势，探索教育领域里还未掌握的教育教学规律，探讨未来的教育教学到底是什么样子等问题。另一方面探索旧问题论证的新角度、解决的新方法。此外，针对现实工作中暴露出来的实际问题进行分析研究，并总结研究成果，这本身也是创新。教育科研论文应体现出作者的鲜明观点，而不是拾人牙慧，重复别人的观点。否则就失去了科研论文的价值。

4. 要有所论证

一篇教育论文首先要有一个论点，之后就是要围绕这个论点展开论述，即论据。有些作者对文章要阐述的观点认识不清，不知道从哪些方面来论述文章的观点，或是论据与论点不统一，或是论据的逻辑关系混乱。造成这种现象的原因是作者对自己的论点根本就没有进行透彻的分析，论据与论点的逻辑关系也根本没有理清，读完这类的文章后的感觉是不清楚作者要说明什么问题。因而确定一篇文章的论点后，一定要围绕论点做进一步分析，然后确定论据。要分析论据与论点的逻辑关系，还要分析论据之间的逻辑关系，还要分析论据是否能充分、典型、有力地阐述观点。所以说，论文阐述观点的过程应该是系统的、完整的、首尾一贯的，应该是严谨而有逻辑性的。一句话即要能够"自圆其说"。

5. 要有所取舍

一篇教育论文的容量毕竟有限，不同的征文活动都会有不同的字数要求，大多数是几千字的容量，所以要用几千字明确地阐明观点，就要对相关的素材、资料进行筛选、整理、归纳，选取最精华、最能代表作者观点的材料进行论述。首先，与本篇文章相距甚远的理论、资料就要舍弃，有些文章往往把一大段的套话、理论、名人名言放在文章开头，然后再从大的范围一点一点往主题上说，结果是文章篇幅已经一大半还不知道作者究竟要说什么问题，似乎这样才显得文章有深度，因而出现大量的"垃圾文字"。其次，对文章中列举的事例要进行归纳、概括，要能够用最精练的语言陈述，切忌"小说式"的陈述。这种文风的出现，一是因为要凑篇幅；二是因为脑子空空，没有"真货"；三是因为已经养成了一种强装"深奥"的不好文风。好的文章不在于格式多么规范、结构多么完美，也不在于有多少华丽的辞藻、有多少时髦的词汇，而在于给读者多少有价值的信息，即在于是否给读者提供了可吸取的经验和借鉴。

五、要避免八大常见弊病

1. 选题不当。这是作者不了解读者要求，不掌握学术动态、刊物性质、编辑意向及时代所致，表现在：(1)陈旧。落后于时代。(2)重复。跟风向，赶浪头，同类文章经常出现。(3)题目不当。有时是大而不当，言而不及；有时又过窄，仅为一孔之见。(4)扬"短"避"长"。放弃自己的优势，去写自己的不熟悉、不擅长的东西。

2. 缺乏新意。写的都是些众所周知、得到广泛承认的问题，成为"马后炮"。

3. 主体不明、空泛。这类文章有的泛泛而谈，所言皆浅；有的同时谈几个大问题，没有重点；还有的东拉西扯不知所云。

4. 堆砌材料。此类文章如汇报稿(事无巨细，面面俱到)表扬稿(洋洋得意，只有成绩，没有问题)发言稿(信口开河，毫无自信，不讲章法)总结稿(记流水账，没有普遍性)教案稿(滥用新名词，拼凑事例，没有自己的东西)等。

5. 内容空泛。这类文章也很多，都是拼凑资料，引经据典，只重概括推理，不切实际，甚至哗众取宠，还有的官话、套话、废话连篇。

6. 水分太多。有些文章篇幅过长，离题偏题，文风散漫，又爱说老话、套话。

7. 文不对路。这是无视读者、无视现实需要所致。

8. 角度太大。文章肤浅无深意。

下面以几篇论文为例来分析一下它们的问题。

例文1：

语文好课的"六个"核心标准

【内容摘要】本文试图从"学生主体性的充分发挥""学生感悟与思考的时空把握""语文课上得扎实高效的目标""语文课过程的最优化处理""学生语文素养的全面提升""学生创新意识的重视培养"六个方面深入论述当下语文好课的"六个"核心标准。

【关键词】好课　主体性　思考时空　扎实高效　过程优化　素养　创新

一堂好课应是什么样的？它的评价标准是什么？这是一个难以确切界定的问题，但只要我们真正领会了新课标的精神内涵——为学生的发展而教，真正认识了语文学科的性质——工具性与人文性的统一，弄清了语文教学的基本要求，我想这个问题还是可以作答的。当然，一堂优质的语文课评价标准可能仁者见仁，智者见智。但我认为，只有认真对当下的语文课进行反思，才能真正得出优质语文课的评价标准。一堂优质的语文课应具备这样几个主要的评价标准。

一、优质的语文课要充分发挥学生的主体性

发挥学生的主体性是语文课程标准中最核心的理念，传统的语文教学实行教师主讲，学生主听，评价一堂课往往是教师"教"得怎样，"讲"得如何，很少考虑学生"学"得怎样。这种以讲为中心的教学，使学生处于被动的地位。新课程要求以学生的学为主，让学生成为课堂的主人，也就是说新课标下对语文优质课评价的前提是语文教学是否为了学生的发展。学生的发展是确定评价的根本性依据。评价一节课是否为优质课，首先要看教师能否激发出潜藏于学生身上的积极性和创造性,能否充分发挥出学生的主体作用,让学生成为课堂的主人,成为语文课堂教学的主动参与者、问题的发现者、合作探究的解决者。当然,充分发挥学生的主观能动性,并不是否定教师的主导作用,如果语文课堂上教师只任凭学生无目标地讨论,对错误的认识一味地夸赞,这不是充分体现学生主体性的表现,这是教师主导的无作为行为,那是"放羊式"教学,真正的语文优质课,不但要充分体现学生的主体地位,教师还要充分发挥其主导作用,要善于根据教学三维目标引导学生进行自主、合作探究,对动态生成目标进行整合,对学生的回答进行引领、点拨、纠正、提升,使语文课堂真正互动起来,朝着全面提升学生的语文素养的轨道健康行进。

二、优质的语文课应给学生感悟与思考的时空

在很多公开课或优质课竞赛中很多教师一个问题刚提出,学生还没有认真思考或没有思考清楚,就急不可待地把答案强行灌输给学生,或想方设法把学生的思维往自己预设好的答案上拉,有的语文课学生甚至连课文都未认真地读一遍就开始讨论,这样的语文课没有给足学生感悟和思考的时空,似乎我们的语文课就是为了完成一些任务而非发展我们学生的思维,似乎我们的语文课是为了讲清一个答案传授一点知识,而非让学生学会探索,学会去思考发现。事实上,缺少学生感悟、思考的课是没有深度的,绝不是好课,学生学习不仅是为了获取知识,更重要的是学会独立思考,成为有思想的人,一个语文教师如果不能激活学生的思维,培养学生的思维能力,这样的课肯定不是优质课,真正好的语文课肯定要激发学生的思考兴趣,养成学生善于思考的习惯,创设学生感悟和思考的时空。

三、优质的语文课应上得扎实高效

扎实包含两方面的意思,一是说教师要有扎实的教学功底,教学语言简练生动、幽默风趣,教学思路清晰,教学设计精巧,能高

屋建瓴，驾驭学生的思维，充分调动学生学习的积极性，教学效果高效；二是说一节课下来学生学得很扎实，有些喜欢搞"花架子"的华而不实的课是"做课"，是"作秀"，这种课不是常规的语文教学，误导了教师，真正的语文优质课应是常规语文课堂教学的自然呈现，有些公开课看起来很活，但上得虚无缥缈，学生所得甚少，学得不扎实，比如，文言文不引导学生反复诵读课文，自主疏通文义，积累常见文言词语，一上文言文就开始讨论，学生还没有弄懂大意就马上搞课外延伸；再如上《最后一课》时，还没有反复品读课文、品味语言及人物心理就要求学生讨论"爱国"，甚至用大半时间进行辩论，这种不立足于文本的解读，不立足于品味语言的课不是语文课，是"思品课"，更谈不上优质了，真正的优质语文课应上得精实，让学生学得扎实，上出极浓的"语文味"，这就要求教师要深钻教材，把握准文本，对教学内容有明确的认识并精心选择最佳突破口，要选择学生语文学习中最感兴趣、最棘手或久疑不解的知识点，引导学生紧扣文本，深入思考文本内涵，深入揣摩体味语言及写作之精妙，培养思维能力、表达能力；真正让学生把教学目标落到实处，学生学得扎实，那些不实在，搞教学模式化，玩"花架子"的课，不能认定为优质课。

四、优质的语文课要实现过程的最优化

语文新课标提出了三维目标，要真正落实好这三维目标，必须优化课堂教学过程，真正的语文优质课的教学过程肯定是比较优化的。首先，它具有极高的时效性，它要求执教者用最佳的形式、最经济有效的方法和手段来组织课堂教学，最大限度地促进学生语文素养的形成与发展。比如教学《故乡》，可以按照从头至尾依次讲的方法，也可以按照小说的三要素进行教学，但如果在教学时抓住一个"变"字切入，注意故乡的人物有什么变化，故乡的环境有什么变化，"我"的心情有什么变化，然后引导学生思考作者是怎样显示这些变化的，进而进一步引导学生探究这些变化的原因，那么，这篇小说的人物形象、环境、故事情节、主题思想、写作技巧等都在这个优化的教学过程中迎刃而解了，这样的教学过程不但思路清晰、重点突出、难点突破、疑点化解，而且充分调动了学生的积极性、主动性和创造性，学生始终带着浓厚的兴趣研读文本，而兴趣是最好的老师，"知之者不如好之者，好之者不如乐之者"，这样的教学过程是优化的。

五、优质的语文课应全面培养和提高学生的语文素养

新课标将语文目标定位为"全面提升学生的语文素养"，它不仅要求学生具备获得知识的方法和相应的语文能力，而且还应注意学生审美和探究能力的培养，注重对学生进行优秀文化的熏陶，优质的语文课堂应把工具性和人文性有机结合起来，在着重提高学生理解和运用语言能力的同时，注重丰富学生的人文素养，关注学生的思维，用思维去熏陶学生的思想精神，让学生的思想站立起来，关注学生的情感，使学生在情、智、德、能等方面得到全面发展，实现知识、能力、人格的和谐统一。因此，一堂语文课是否为优质课，可从教学效果是否全面提升了学生的语文素养，能否让学生得到发展的角度来评。这可从这堂课中学生的活动状态、参与状态、思维状态、三维目标达成状态看出来。

六、优质的语文课应培养学生的创新意识

江泽民同志说过："创新是一个民族进步的灵魂，是一个民族发展的不竭动力。"如果我们的语文课不能培养学生的创新意识和创新能力，那么，它就不能称为真正意义上的优质课，作为起示范引领作用的优质课应在教学方法上有创新、有亮点，能出彩，时时给学生及教师以新课堂的感受，让学生学习并掌握各种不同文本的解读方法，达到"教是为了不教"的目的，让学生耳濡目染，教师常教、常新，学生熏陶渐染，其创新思想就逐步形成。另外，要在语文课堂上培养学生的创新意识和创新能力，比如，在语文课堂上要引导学生大胆质疑、探疑、解疑，通过质疑、探疑、解疑，让学生明辨

是非，鉴别真伪，让学生的思维得到锻炼，能力得以形成，老师要创设民主、平等、和谐的课堂教学氛围，教师要以平等的角色和学生一起研讨，和学生一道自主、合作、探究、互动，让学生大胆地讲出他们的认识、感悟、分析、评价、判断，要对正确的大力鼓动、表扬，对偏激和错误的给予纠正和引导，要让学生大胆地提出自己的问题，自主合作探究问题，培养学生的创新意识和创新能力。

总之，优质的语文课的评价标准是一个综合性很强的评价体系，评价一堂语文课是否为优质课绝非以上几点就能概括，而且对一堂语文课的评价标准也见仁见智，评价的标准也是多维的，但是，能否全面提升学生的语文素养，能否促进学生的全面发展和可持续发展，是否贯彻了"以生为本"的教学新理念，乃是评价一节语文课是否为优质课的根本标尺。

评析：这篇论文应该还是不错的一篇文章，但它有以下几个方面的主要问题：

1. 内容摘要和关键词不太符合规范要求，比如：关键词一般不应超过5个，但此论文的关键词却有七个之多。

2. 论文所论述的内容过于追求大而全，面面俱到，给人的印象是蜻蜓点水，论述不够深入，缺乏事实论据，给人很空泛的感觉。

3. 每个分论点的对称性和文采度不够醒目。

4. 有些论述内容有重复，给人不够严谨的感觉。

5. 没有参考文献等规范的论文形式，说服力不够。

6. 缺乏新意，老话、套话太多。

例文 2：

新课标下语文高效课堂教学的"五度"

《语文课程标准》指出"语文是最重要的交际工具，工具性与人文性的统一是语文课程的基本特点"。怎样结合语文学科的特点构建快乐高效的语文课堂呢？要使语文课堂教学高效，我们就要充分注意语文课堂教学的"五度"。即宜人的"温度"、精巧的"角度"、解读的"深度"、参与的"广度"、迷人的"效度"。

一、宜人的"温度"是语文高效课堂教学的前提

"温度"指课堂气氛，语文是情感性很强的学科，课文是承载和传播情感的载体。这种特点决定了语文课堂是情感的课堂，是充满激情和灵性的。对教师而言，就是要在课堂教学中做到以下两点：要"目中有人"。要充分尊重学生的人格，倡导和营造师生平等交流的课堂教学环境，能为每个学生提供参与课堂教学活动的机会，关注学生差异，给每一位学生表现的舞台。要精心组织教学语言，增强语言表达的亲和性和感染力，做到清晰精练、重点突出、逻辑性强，上课激情满怀，富于亲和力；教态大方自然，营造出一种温馨、民主、和谐的课堂氛围，使课堂"气候宜人"。要善于点燃学生的激情。充分运用教师自身教学艺术的魅力，创造出常教、常新的课堂教学情境。要以自己的热情点燃学生的激情。苏霍姆林斯基说："情感如同肥沃的土壤，知识的种子就播种在这个土壤上。"只有调动学生的情感，才能让学生充满激情地学习。只有巧妙地运用抑扬顿挫、声情并茂的语言、自然得体的体态语言，相机诱导，才能让学生度过一段"激情燃烧的岁月"，才能使课堂教学春风化雨、点石成金。"文本不是无情物"，教师要善于拨动学生的心弦，弹奏出课堂美妙的音符，激昂处和学生一起激昂，开怀处和学生一起开怀，师生共同演奏激情的乐章。要及时抓住学生心中的每一次感动，引导学生反复咀嚼，仔细玩味，逐步点燃学生的激情，逐步提升课堂的"温度"。

二、精巧的"角度"是语文高效课堂教学的基础

语文课与其他学科不同，它可以精取一个巧妙的"突破口"来带动对全篇教学重、难点的理解与探究。有"语文味"的课堂教学应设计有"语文味"的教学过程。有"语文味"的教学过程是指教师在深入解读文本的基础上，根据学生的实际设计出能体现文本特点、语文学科特点、展示自己教学个性的教学设计。只有当教学设计照进了

我们语文的智慧之光；只有当教学设计体现了我们自己的"语文味"；只有当教学设计体现了语文课的特色之后，我们的语文课堂教学才会真正焕发出生命的活力与个性魅力！而这样的语文课堂教学，才会真正上出"语文味"。我们的语文新课标提出了三维目标，要真正落实好这三维目标，必须优化课堂教学过程，巧取课堂教学的角度。这样的语文课的"语文味"当然会得到有效的体现。由此观之，语文课就是语文课，它可以依据文本巧取"突破口"，运用之妙，存乎一心，"语文味"就在"一心"之中得以彰显，得以散发。

三、解读的"深度"是语文高效课堂教学的核心

语文新课标指出："阅读是教师、学生、文本之间对话的过程。"这里，包含着两层含义：一是指阅读是读者与文本的主体间对话的过程；二是指教学是教师与学生以及学生与学生的对话过程。无论是阅读还是教学都是建立在以文本话题为内容的基础之上的。因此，文本才是对话的核心、对话的依据。只有以文本本质为内容的对话，才是最深刻最有效的对话。语文课要上出"语文味"就要进行多维深度对话。在对文本意义的探寻中，只有深入地阅读和感受文本，才能使文本中的精华、气韵转换成自己的灵魂、涵养进入自己的气质，融入自己的思想。只有深入解读文本，才能实现与读者的心灵对话，才能彰显师生对话、生生对话、师生与文本对话等多维对话的"语文味"魅力，使课堂焕发出生命的活力。而忽视文本，忽视对文本的多维深度解读，将会造成学生阅读能力的徘徊不进。文本解读的过程是老师引导着学生不断攀登高峰、不断领略美景、不断豁然开朗的过程。如果老师不重视引导学生对文本进行深度解读，就会出现思考无序、杂乱无章、浅尝辄止或是走马观花等现象，课堂教学的效率也就自然低下。长此以往，学生对文本的感知就只能停留在浅表的层次，阅读能力存在欠缺，从而导致语文素养的整体下降。实际上，一堂语文课的效率高低，很大程度上取决于思维沟通和语言交流的广度、深度和效度。而这些又取决于师生一起解读文本的深度。

要将学生的思维引向深入，就要善于激发潜藏于学生身上的积极性和创造性，让学生成为语文课堂教学的主动参与者、问题的发现者、合作探究的解决者。爱因斯坦曾说："要把发展独立思考和独立判断的能力始终放在首位。"不要认为表面热热闹闹的课就是一堂好课，真正的语文优质课并不取决于表面，而取决于学生思维活跃的深度。从这个意义上讲，能引导学生积极、深入地思考的课才是好的语文课，正如苏霍姆林斯基所说的"真正的课堂应当是一个积极思考的王国"。所以，语文课要对文本进行深度解读，从而有效地培养学生善于思考的习惯，有效地培养学生思维的深度。

四、参与的"广度"是语文高效课堂教学的关键

学生在语文课堂教学过程中要做到全员参与、全程参与和有效参与。一堂好课应当有全体学生的主动探究，深入思考。师生在这里共同学习，共同交流，用心灵去编织课堂。用心灵去超越课堂，思维在对话中碰撞，智慧在对话中生成，心儿在对话中放飞。学生自主参与是实施有效语文课堂教学的关键。教师应了解每一个学生的性格、爱好和原有的知识结构及不同的文化背景，鼓励每一个学生都参与到语文课堂学习活动中去。教师在教学中要鼓励与提倡解决问题策略的多样化，尊重学生在解决问题过程中所表现出的不同认知水平和认知方式。问题的设计、教学过程的展开、练习的安排要尽可能地让所有学生都能主动参与，让每一位学生在语文课堂学习活动中都能提出各自解决问题的策略，并引导他们在与他人的交流中选择合适的策略，丰富自己的学习经验。教师应根据学生不同的需求选择设计不同的学习形式，要努力提供丰富多彩的语文教育资源，促进每一位学生积极主动参与教学活动，在思辨、操作、争论、探究的过程中实现有效学习。学生的自主参与面广了，会有效地促进语文课堂教学活动的空间化、互动化。通过师生互动、生生互动，每位学生就会在自主中进步，在互动中发展。

总之，教学的科学性在于让学生主动地学习；教学的艺术性在

于让学生愉快地学习；教学的有效性在于让学生高效地学习。语文课堂是润泽生命的殿堂，精彩的课堂应该有一个根，那就是立足语言这一本体。只要我们的语文课堂教学能充分注意"温度""角度""深度""广度""效度"，那么，我们的语文课堂教学就一定是高效的。

评析：这篇论文应该还是不错的一篇文章，但它却有以下几个方面的主要问题：

1. 首先是形式不符合规范要求，缺乏内容摘要和关键词以及参考文献等内容，形式欠严谨规范。

2. 内容角度太多，贪多求全，内容较空泛，不如抓住一个角度深入论述。

3. 论文缺乏新意，没有自己独到而新颖、深刻而实在的论述。

4. 文章缺乏具体的教学实践的例证，未能将理论和实践有机结合，因而论述的说服力不够，给人以空泛之感。

5. 论文中的"深度""广度"等内容未很好地扣住高效课堂这个论述的核心，且"效度"本来就是一个结果，与高效课堂成为因果关系不合逻辑。

6. 角度应更小一些，自己的感悟思考还应更深入、新颖独到一些。

例文3

教育不仅仅需要爱

时代在发展，学生思想也越来越复杂，作为教师，我们的教育方法也要与时俱进，我们需要用科学发展观的思想来思考教育，我们需要用科学的方法来处理教育问题，多一点服务意识、多一点反思意识、多一点研究意识。因为教育不仅仅需要爱，教育还需要走向科学；教育还需要走向智慧；教育还需要走向艺术。

一、教育要走向科学

我们的学生犯错误时，大部分教师都是将犯错误的学生训一顿，训到学生泪流满面，承认错误，然后就此了事。事实上，这种做法只能是隔靴搔痒，收效甚微。教育要走向科学，只有将问题的前因后果分析清楚，将学生的状况搞清楚，了解学生为什么会这样做，如何采取有效措施使学生不再犯错，这才是最重要、最根本的，也只有这样才能取得事半功倍的效果。否则，教育永远不会走向科学，只能停留在最一般化的管理阶段，而且会越来越行不通。学生出了问题，我们应该先问"为什么"，而不是"怎么办"。我们经常会抱怨，每次出问题的都是这几个学生，常常故技重演。面对这样的情况，大家已经无能为力了，实在没有动力与激情。为什么会出现这种尴尬的局面？具体说来还是因为我们没有更深入地去了解学生，没有真正进入学生的心灵世界。比如一个学生在课堂上老是不安分，我们就应该会想：他为什么要过于好动？初步结论是，他想张扬个性，想表现自己。那他又为什么要采用这种方式来表现自己？结论是他在其他方面缺乏能力来表现自我。那么结合他平常的表现来看，他缺乏能力吗？经过调查与研究，事实并不是如此。所以，我们在这个时候就应该给他机会去出风头，给他机会去表现，例如，可以在课堂上经常提问他，或者在一些小组活动中让他可以充分地表现自己。如果没有"为什么"就没有研究，没有接连不断的"为什么"就不会真正从根本上解决问题。所以，我们教师在解决问题的时候，应该先思考一下，学生"为什么"会有这样的举动，找出问题的根源，才能对症下药。如何对症下药呢？这方面神医华佗给我们以很好的垂范：有一次，州官倪寻和李延一同到华佗那儿看病。两人诉说的病症相同：头痛发热。华佗分别给两人诊了脉后，给倪寻开了泻药，给李延开了发汗的药。两人看了药方，感到非常奇怪，问："我们两人的症状相同，病情一样，为什么吃的药却不一样呢？"华佗解释说："你俩相同的，只是病症的表象，倪寻的病因是由内部伤食引起的，而李延的病却是由于外感风寒，着了凉引起的。两人的病因不同，我当然得对症下药，给你们用不同的药治疗了。"倪寻和李延服药后，没过多久，病就全好了。真不愧是神医，用药用得这么准、这么神。

有这样一个学生被"误诊"的事例：一位老师在刚开学的第一节课上，一位女生一上课就和同桌低声交谈着，尽管老师好几次目光警告，但好像她总是没有收敛，依旧和同桌交谈着。终于，这位老师跳了起来，一把像老鹰捉小鸡似的把她揪了起来，罚站一节课。事后女生的同桌告诉这位老师：老师冤枉她了，上课的时候她在向她讨教千纸鹤怎么折，她想折一些千纸鹤当作教师节的礼物送给这位老师!"听到这儿，这位老师的眼眶湿润了，尽管事后这位老师作了许多解释与补偿，但那颗受伤的心灵却再也无法恢复如前了。当时，如果这位老师克制一下，如果他过去询问一下，如果他多作一些分析，如果他抛弃先入为主的思想，如果他多自问几个"为什么"……由此观之，教育学生，尤其是教育问题学生，需要的不仅仅是爱心和耐心，更重要的是科学的方法，遇到问题要先问"为什么"，再问"怎么办"，进而对症下药，方能真正解决教育问题啊！

二、教育要走向智慧

教师教育学生经常会见到这种情况：学生听讲不专心，于是就给学生大讲特讲学习的重要性，或课上提醒、批评、罚站，赶出教室，再解决不了，就请家长，还解决不了，只好怀疑学生有问题。这样太简单化了。一个学生如果严重地不注意听讲，首先应该看看他学习成绩如何，如果成绩还行，就可能有几种情况：第一，他不是不注意听讲，而是在用他自己的姿态和习惯注意听讲或者比较注意听讲，因为其姿态与其他同学差别较大，很不"标准"，被老师误解了。这种学生，如果老师批评他不注意听讲，就冤枉了，这些学生其实搞不清自己是否在注意听讲，现在老师给他下了"不注意听讲"的定论，他会很迷惑，或者有点不服气，但是老师总是这样说，时间长了，他就真的相信老师的定论了，他开始认定自己是一个不注意听讲的人，于是就可能真的变成一个不注意听讲的人了。这种学生可以帮助他们分析一下自己的听讲姿态，在宽容和肯定的同时，劝他们作一些小的调整。第二，他早会了，听得不耐烦，主张遇到这种学生，给他一些自由，使他课上可以做自己喜欢做的事情，看课外书，或者学习更深的东西，只要他不影响别人，只要他能保持优良的成绩就行。第三，课上不注意听讲而成绩不错，还有一种可能的原因是，课外会有人给他再讲一遍，他课上不必听了，老师在查实情况后，一定要把家长找来做工作。第四，有些不注意听讲然而学习成绩却不错的学生是自学者，他们喜欢读书研究，而不喜欢听讲，他们可能是视觉学习者，耳朵不灵眼睛灵，同样的内容，听人讲一遍远不如自己看一遍。这种学生绝不批评他们，还可以悄悄地告诉他，你上课可以不听讲，自己看书，但是不能扰乱别人，看不明白的要问。由此观之，我们教育问题学生不奏效，主要是因为我们没有运用智慧把问题搞清楚，没有进行科学的分析，所以，也就谈不上对症下药。

三、教育要走向艺术

在教育的过程中我们会犯这样的错误，碰上问题学生犯错误时，有时候一急起来就会直呼"怎么又这样了"，"又是他"，"怎么办"等，脑子里想到的就是"用什么办法管好他们"，通常忘了问问自己学生为什么会这样？其实，在这个时候最需要的是冷静，千万别不耐烦，研究一下学生为什么这样做，他们的感受是怎样的，分析后也许会找到沟通的途径，解决问题的突破口。有这样一个真实的故事：一位很调皮的男生上课时无精打采地趴在桌上，一副爱听不听的样子，当时老师说得口干舌燥，想到他这种样子，一股无名之火涌上心头，这位老师大声呵斥他站着听课。当时并没有问他为什么精神不好，这位老师想肯定又是晚上上网吧，昏昏欲睡也就理所当然了。因为这种情况他已经遇到过很多次了。后来，讲课时这位老师边讲边留意他，发现这位学生低着头还是不听讲，而且眼圈好像有点红红的。他心里咯噔了一下：难道是我错怪他了？但为了不影响其他学生，这位老师还是继续上课。下了课，这位老师把学生请到了办公室，问他昨晚是不是又去网吧了，结果他告诉老师他昨天没有去网吧。

这时，这位老师心里感到了一丝不安，看来是错怪他了。这位老师突然想起来，这段时间这个学生好像状态一直不是很好。于是马上联系了他的妈妈，询问近期是不是家里发生了什么事情，结果不出所料，他的父母正在闹离婚。一切都明白了，这位老师内心除了自责就是惭愧，作为班主任老师，不仅没能体谅自己的学生，还让他在班级同学面前出丑，这样的教育行为是多么的简单粗暴。再如，学生都知道不做作业、不交作业或迟交……都是不对的，但即使知道，他们还是会这样，像有的同学，在初一时经常不做作业，老师提醒、批评、通知家长都没用，现在想想也是的，这些孩子其实是明知故犯，简单地说教是解决不了问题的，老师说到嘴皮破了，他们还是老样子。这就告诫我们老师：当这些孩子犯了错误时，不要一味的唠唠叨叨念个不停，先要研究它为什么会犯这个错误，是什么力量推动他非这样做不可。搞清他的思路，才能在适当的时候阻止他再犯。如果经过认真调查分析诊断，发现学生不做作业主要有以下几个原因：（1）懒惰、拖拉，小学时靠小聪明读书养成了坏习惯；（2）作业太难，不会做，灰心了；（3）老师或父母期望值太高，没有成就感；（4）不喜欢这个老师或不喜欢这门学科。针对第一种情况，我们要与学生签订合同，限定时间，并辅以必要的惩戒。因为这部分学生其实人挺聪明，成绩也并不是很差，只要加强监督还是会有很大的改观。针对第二种情况，布置分层作业是最好的办法。第三种情况则要形成家校合力，对学生重新定位，及时给予肯定，循序渐进。最后一种情况是比较难解决的，这时候班主任既要做好学生的工作，还要与该科任课教师及时沟通，因为很多时候师生之间有矛盾，主要是沟通渠道不畅通。此外，还可以采取一些极富艺术化的人文教育策略来达到精诚所至，金石为开的效果。只要我们运用我们的智慧，让教育走向艺术，想出合理有效的对策，很多教育问题定将不是问题。

总之，作为教师，我们需要转变自己的做法，多一点反思意识和研究意识，让教育走向科学，让教育充满智慧，将教育作为一门艺术，惟其如此，我们的教育才能事半功倍，走向成功走向美好。因为我们的教育不仅仅需要爱！

评析：这篇教育论文的角度应该还是比较新颖的，但问题也比较多，主要表现在以下几个方面：

1. 论文的形式不规范，没有内容摘要、关键词和参考文献等。

2. 论文的几个分论点之间的逻辑性不严密，教育需要科学、教育需要智慧、教育需要艺术这几个论点之间有逻辑问题，难道科学就不包含智慧和艺术吗？所以这里的论述是不严谨的。

3. 这篇教育论文很注意联系自己的教育教学实践，事实论据非常充实，但理论未能很好地上升到更深刻的高度，也就是理论性不够。

4. 这篇教育论文的探索性还不够，虽然它在论述角度上还是比较新颖的，但没有深入地进行探究，没有提出更卓有见地的做法及深刻认识，也就是真知灼见还比较欠缺。

5. 论文的论述思路不够严谨，对为什么、怎么样等论述的核心要素挖掘不深、内部逻辑结构不够分明。

6. 论文的学术性、科学性、创造性、实用性还需再加强，还需更深入。

六、要熟悉并灵活把握教育论文的八个步骤

第一步：确立研究范围

在进行论文写作之前，首先要考虑的是写什么，也就是写作的范围是什么。是研究教材的呢，还是研究课堂的呢？是研究教学工作的呢，还是研究班主任工作的呢？在这些大的范围内还要进一步缩小范围，以研究教材为例，是研究教材的历史的呢，还是研究教

材的现状的呢？是研究教材的编制呢，还是研究教材的评价的呢？这些范围仍然很大，以研究教材的现状为例，是进行新课程整体教材的比较研究呢，还是进行某一套教材的研究呢？是进行教材的体系研究的呢，还是进行教材的某一部分研究的呢？总之，教师要不断地缩小自己的研究范围，范围界定得越小，就越容易研究得深入。

第二步：查阅文献资料

查阅文献是论文准备过程中的一个重要步骤，其目的是为了解有关专题的研究现状和主要结论，对已有的同类研究进行归纳和梳理。这是一个需要花费大量时间与精力的过程也是研究的实质性步骤。如果要研究的问题从文献中找到了现成答案，研究可以就此终止。而常见的情形是文献只回答了研究问题的一部分或一些方面，这就需要更深入、更全面地探索。文献资料一般包括学术期刊、硕博论文、学术著作、研究报告、研讨会论文集、报纸文章和互联网电子资料等。这些文献的重要性和权威性不尽相同，查资料的时候要从最重要的查起，如学术期刊、硕博论文、学术著作等。找不到更好的再去查其他的，如报纸、会议论文和互联网上电子资料。在引用文献的时候也是遵循从重要到不重要的顺序。查阅文献时，以前大多要去图书馆，复印有关材料或者做笔记。现在随着电子图书馆的建立，新近期刊都可以通过网络查阅全文，非常方便。如中国知网(CNKI)就是一个很好的工具，学术期刊也有高低不同级别，核心期刊的文章值得重点关注。要尽可能地将同一专题的研究资料找齐、找全，然后加以筛选。另外，查阅文章的时候，最好先看实证性地研究，也就是那些有自己的研究设计和收集到第一手数据资料的论文。阅读文献时先读摘要，重点看它们的方法和研究结论。阅读的时候做一些必要的归类整理和记录。查阅和引用文献最忌讳的是引用文学、诗词、或者哲学思辨，这些都不属于科研文献。有些学者喜欢在学术论文中引用一些文学刊物上的观点，就很不严谨。

第三步：敲定文章题目

在明确写作范围和充分查阅文献资料的基础上，最终敲定论文题目。教育科研论文的标题是主体的直接反映，是文章的眼睛。因此，论文的标题必须准确、简明、要能准确表达论文的内容，恰如其分地反映研究的范围和深度。标题的拟法一般有三种：（1）从文章的主题思想里思考拟标题；（2）从论点中思考拟标题；（3）从文章里的各个层次(或要点)里思考拟标题。

第四步：选择论文形式

中小学教师撰写论文形式主要可分为专题论文、教育随笔、调查报告、实验报告、案例分析。我们可以根据自己的需要和擅长选择相应的论文形式。

第五步：拟定论文提纲

提纲是为论文撰写搭建的间架结构，是作者写作思路的蓝图。论文提纲，至少应该包含两个方面的内容：内容方面，要解决主旨是什么，包括怎样列题目，写哪几个问题，分观点有哪些，每个观点使用什么材料。结构方面，包括全文内容分几个部分写，先写什么，然后写什么，最后写什么，分几段，每个段落的要点是什么。拟定写作提纲的方法主要有三种：（1）句子式提纲，即以句子的形式出现，每句表达一个完整的意思，每句都是文稿里某一段落的要点。（2）标题式提纲，即用标题这种形式引出每一节或每一段中所讨论的主要内容。（3）段落式提纲，即论文段落的内容提要。在实际内容层次上列出要点和事例，最后在提纲的大小项目下标明要使用的具体材料，以备写作时采用。

第六步：撰写论文初稿

论文提纲拟定好后，可以围绕提纲进行论文的初稿写作。在撰写初稿的过程中，作者要始终抓住主题，围绕中心，每个层次段落都要紧紧围绕确立的中心去写，还要注意表达方式的得体、用语的准确、简明和朴实。起草论文时要根据每一类论文的格式和行文关系，按照提纲的布局谋篇，尽可能奋笔疾书，一气呵成。

第七步：论文修改润色

修改是论文撰写过程中必不可少的一个重要环节。修改教育科研论文主要应从思想内容和表现形式两个方面考虑。修改的顺序应由大到小，有整体到局部逐层地进行，每次修改都应有侧重，如，(1)全文修改。主要检查题目是否精练、简洁，材料与主题是否统一，各部分的表述是否鲜明有力。(2)部分修改。主要检查段落之间的逻辑关系是否清晰。它们与主题是否有机地连成一个整体，侧重点是否表达充分。(3)用词修改。主要检查用词是否恰当、贴切，表述内容是否准确，读者能否理解。(4)细节修改。主要检查文字书写、行款格式有无错误，标点、符号、表格、数据、插图等使用是否得当和准确，错别字是否都已得到改正。修改教育科研论文的常用方法有以下四种：一是增加材料，使论文的内容更加充实。二是删去文稿中多余、重复、冗长的段落、句子和文字，使文稿更加精炼。三是以更典型的新材料替换旧材料。四是调整文稿中的章、节、段落，使文稿的顺序安排更符合逻辑。

第八步：选定刊物投稿

论文定稿后可选择合适的刊物投稿。投稿前要研究期刊，看自己的文章投到那个期刊比较合适，期刊选准后，还要搞清楚所投期刊有哪些要求，比如格式规范、字数要求、所设栏目、投递方式。投稿时，最好电子稿和打印稿同时投递，但不要一稿多投。

后 记

　　本书由潘海燕、何晶、卢明编写，全书的内容具体安排如下：第一部分为教师如何撰写教育案例；第二部分为教师如何写论文。

　　全书从写作教育案例、论文的目的、原则、选材、构思等方面作了较为全面的阐述，既让广大教师明确了写作的要求，更让广大教师从中掌握了写作的要领；既在写作技巧方面作了指导与提示，又在写作实践方面附了相应的示范例文，并且部分例文后面还加了适当的评析，让广大教师有法可依、有模可仿，能快速地掌握教育案例及教育论文的常规写法。应该说这本书是教育案例和论文写作中较全面、较系统、较实在的一本指导书。

　　本书在编写过程中，翻阅了国内大量有关教育案例及教育论文写作的书籍，借鉴和使用了很多同仁的研究成果和写作范例，在此深表谢意。

　　由于编者的水平有限，此书也肯定存在着一些缺点和不足之处，诚恳地希望广大教师多提宝贵意见，以便进一步修订。

编　者

2012 年 10 月